Ronald P. Schweppe · Aljoscha A. Schwarz

Die Heilsteine
der Heiligen Hildegard

Die sanfte Therapie
für Körper und Seele

LUDWIG

INHALT

Einführung   4

Die Medizin der Heiligen
Hildegard   4

Mit Steinen heilen   6

Hildegards Edelsteintherapie   7

Heilende Steine von A bis Z   10

Achat   12

Amethyst   16

Bergkristall   20

Die Edelsteintherapie der Heiligen Hildegard von Bingen ist fast 1000 Jahre alt und besitzt auch heute noch Gültigkeit.

Bernstein (Ligurius)   24

Beryll   28

Chalzedon   32

Chrysolith (Olivin, Peridot)   36

Chrysopras   40

Diamant   44

Hyazinth (Zirkon)   48

Jaspis   52

Karneol   56

Onyx   58

Perlen (Margaritae)   64

Prasem (Afrikanische Jade)   68

Rubin (Karfunkel)   72

Saphir   76

Sarder   80

Smaragd   84

Topas   88

Auf einen Blick: Edelsteine und ihre Heilwirkungen   92

Quellen und Literaturempfehlungen   94

Aktuelle Informationen, Kurse und Seminare   94

Über dieses Buch   95

Register   96

Schon in der Antike galt der Sarder als bedeutender Heilstein, der Krankheiten abwehrt, weil er eine Stärkung des Immunsystems bewirkt.

Der Chrysolith hilft nicht nur bei vielen Beschwerden wie Herzschmerzen oder Fieber, er verleiht auch positive Lebensenergie.

Einführung

Dieses Buch entstand aus dem Wunsch heraus, die bis vor kurzem nahezu vollständig in Vergessenheit geratene Hildegard-Edelsteintherapie in leicht verständlicher Form darzustellen und sie für die tägliche Praxis anwendbar zu machen. Das Buch richtet sich dabei ebenso an gesunde wie kranke Menschen, an Patienten wie Therapeuten.

In diesem Ratgeber sind die wichtigsten und wirkungsvollsten Heilsteine und ihre klassischen Anwendungen nach Hildegard von Bingen aufgelistet. Für interessierte Anhänger der Hildegard-Medizin haben wir neben den Indikationen und den entsprechenden Rezepten auch Tipps für den Einkauf und den Umgang mit den Steinen sowie einige Fakten über Geschichte und mineralogische Besonderheiten aufgeführt. Neben der von Hildegard empfohlenen Verwendung haben wir ergänzend auf die Möglichkeiten hingewiesen, die Heilkraft der Steine auch innerhalb der modernen Edelsteintherapie anzuwenden.

Seit dem 15. Jahrhundert wird Hildegard von Bingen im römisch-katholischen Martyrologium als Heilige geführt. Zuvor waren einige Versuche, ihre Heiligsprechung zu erlangen, an dem Veto der Kurie gescheitert.

Die Medizin der Heiligen Hildegard

Die als »Hildegard-Medizin« bekannt gewordene alternative Heilkunde bildet die Basis für Hildegards Edelsteintherapie. Immer mehr Menschen zählen sich heute zu begeisterten Anhängern der Hildegard-Medizin, einer ganzheitlichen, sanften Therapieform, die Hildegard von Bingen dank ihrer visionären Gabe, ihrer tiefen Verbundenheit mit der Natur und langjährigen Erfahrungen auf dem Gebiet der Heilkunde entwickeln konnte. Um die Hildegard-Medizin richtig verstehen zu können, ist es zunächst sinnvoll und wichtig, einen kurzen Blick auf Hildegards Leben und Schaffen zu werfen.

Lebensstationen einer großen Mystikerin

Zweifellos ist die Heilige Hildegard, die vor genau 900 Jahren geboren wurde, eine der bedeutendsten Frauengestalten des Mittelalters. Die visionäre Mystikerin wuchs im Benediktinerinnenkloster Disibodenberg auf, wo sie an die 50 Jahre ihres Lebens verbrachte und schließlich Äbtissin wurde. Im Jahre 1147 gründete sie ein eigenes Kloster auf dem Rupertsberg bei Bingen. Hildegard unternahm weite Missionsreisen, hielt öffentliche Predigten und wurde von Kaisern, Königen und religiösen Führern ihrer Zeit – sogar von Päpsten – um Rat gebeten. Später sollte sie als Komponistin, Seherin, Dichterin und nicht zuletzt auch als Heilerin und »erste Ärztin Deutschlands« in die Geschichte eingehen. Hildegard starb hochbetagt im Jahre 1179.

Trotz ihrer kränklichen Konstitution unternahm die Heilige Hildegard viele Reisen. Sie diktierte über 300 Briefe und zahlreiche mystische Schriften im Stil von göttlichen Offenbarungen.

Grundlage der Hildegard-Medizin

Neben einer Fülle von kirchlichen Liedern hinterließ die Heilige Hildegard auch einige naturwissenschaftlich orientierte Werke, die sie unter der Mithilfe des Mönchs Volmar niederschreiben ließ; sie bilden die Grundlage der Hildegard-Medizin.

Klostermedizin und Volksheilkunde

Aus heutiger Sicht ist es kaum noch nachvollziehbar, woher Hildegard von Bingen ihr Wissen schöpfte. War es ihre außergewöhnliche Fähigkeit zur inneren Schau, war es ausschließlich die direkte Gotteserfahrung oder ermöglichte es Hildegard nicht zuletzt auch ihr Zugang zum traditionellen Wissen der Klostermedizin und zur Volksheilkunde ihre umfassende Heilmethode zu entwickeln?

Sanfte Erfahrungsmedizin, die »funktioniert«

Viel wichtiger als die Antwort auf diese Fragen ist die Tatsache, dass Hildegards Heilmethode »funktioniert«, denn dafür spricht eine beeindruckende Anzahl von Erfahrungsberichten aus aller Welt.

Die Hildegard-Medizin ist eine sanfte Therapieform, die den ganzen Menschen miteinbezieht. Gerade die Edelsteintherapie Hildegards wirkt nicht nur auf den Körper, sie spricht auch Geist und Seele in starkem Maße an und bietet ein reiches Feld für neue Erfahrungen mit der eigenen Gesundheit an. Wahrscheinlich ist das der Hauptgrund, weshalb viele Menschen darauf bauen.

In der Antike kamen Edelsteine vorwiegend aus dem Orient, seit der Entdeckung Amerikas auch aus Süd- und Mittelamerika. Im 19. Jahrhundert wurden besonders in Brasilien, in Russland, in Afrika und Australien neue Fundstätten erschlossen.

Mit Steinen heilen

Das Heilen mit Edelsteinen ist eine der wichtigsten Säulen der Hildegard-Medizin, zu der unter anderem auch die Ernährungsumstellung, das Fasten und der Einsatz pflanzlicher Heilmittel gehört. Die magischen Wirkungen von Steinen und Kristallen waren in der Volksheilkunde schon seit der Antike, also lange vor Hildegard, bekannt.

Edelsteine zu kultischen Zwecken

Edelsteine tauchen schon sehr früh in der Menschheitsgeschichte als Zaubermittel, Heilquellen, Talismane, Amulette und Fetische auf. Im alten Ägypten wurden viele Edelsteine, wie etwa der Jaspis, der Smaragd oder der Chrysopras, zu kultischen Zwecken eingesetzt, ja man glaubte lange Zeit sogar, dass die Götter selbst aus Edelsteinen bestünden.

Heilende Steine in der Bibel

Die tiefe Verbundenheit mit der Natur und der Zugang zu intuitivem Wissen ermöglichte es alten Völkern wie Ägyptern, Griechen und Römern, aber auch Chinesen, Indern und Tibetern, die Energie der Steine bewusst für Heilzwecke einzusetzen. Zu allen Zeiten gab es also Steinheilkundige – heute werden diese Spezialisten als Lithotherapeuten bezeichnet. Auch in der Bibel finden sich viele Stellen (z. B. 2. Buch Moses 28,16 ff. oder die Offenbarung des Johannes 21,18 ff.), die auf die Kraft der Edelsteine hinweisen. Und obwohl die Edelsteine im frühen Christentum als unnötiger Zierrat abgelehnt wurden, nutzte man ihre Heilkräfte weiterhin.

Die Bedeutung von Steinen in der Antike

Natürlich interessierte sich auch die Wissenschaft seit jeher für das Geheimnis der Steine. So beschrieb Aristoteles die Mineralien in der *Meteorologica* bereits im 4. Jahrhundert vor Christus, während der römische Schriftsteller Plinius der Ältere ihnen nur etwa 400 Jahre später mehrere Bände seiner »Naturgeschichte« *(Naturalis historia)* widmete.
Obwohl der Einsatz von Steinen zu Heilzwecken bis in die Anfänge der Menschheit zurückgeht, war Hildegard von Bingen doch die erste Heilerin, die die Kraft der Heilsteine derart umfassend dargestellt und erprobt hat. Heute ist die Edelsteintherapie einerseits ein wichtiger Bestandteil der Hildegard-Medizin, auf der anderen Seite aber auch ein beliebter Zweig der alternativen Heilkunde.

Hildegards Edelsteintherapie

Neben ihrer Ernährungskunde und einer großen Anzahl pflanzlicher Rezepturen hat die Heilige Hildegard auch eine differenzierte Form der Steinheilkunde hinterlassen, die wir in diesem Buch vorstellen wollen.

Edelsteine und Halbedelsteine

Im Mittelpunkt dieser Therapie steht der Einsatz von über 20 Edel- und Halbedelsteinen (der Einfachheit halber im Folgenden durchwegs als »Edelsteine« bezeichnet), unter ihnen so bekannte wie der Diamant, der Smaragd oder der Rubin.
In ihrer Schrift *Physica* (»Das Buch von dem inneren Wesen der verschiedenen Naturen der Geschöpfe« oder »Heilkraft der Natur«) beschreibt Hildegard die Herkunft, Heilwirkung und Anwendungsweise der Steine aus ihrer visionären, esoterischen Sichtweise. Das verschollene Original dürfte zwischen 1150 und 1157 verfasst worden sein.

Das Schleifen von Edelsteinen entwickelte sich erst im Spätmittelalter, stattdessen war im Altertum seit der römischen Zeit die Steinschneidekunst hoch entwickelt.

Die heutigen Übersetzungen gehen jedoch weitgehend auf Abschriften aus dem 14. und 15. Jahrhundert zurück. Bei den in diesem Buch zitierten Textstellen der *Physica* handelt es sich um Übersetzungen aus der vollständigen Pariser Handschrift (*liber beate Hiltegardis subtilitatum diversarum naturarum creaturarum et sic de aliis quam multis bonis* – Bibliothèque Nationale Paris, Codex 6952, f. 156-232), die etwa aus den Jahren 1425 bis 1450 stammt. Bei der Nummerierung der Texte haben wir die von Frau Dr. phil. Marie-Louise Portmann vorgeschlagenen Kapitel- und Abschnitteinteilungen übernommen. Von ihr stammt auch die erste vollständige Übersetzung der *Physica* ins Deutsche, die die Basler Hildegardgesellschaft herausgab.

Nach indischer Auffassung hat der Mensch sieben Energieknotenpunkte, die Chakras; diese liegen auf einer Linie vom Steißbein zum Scheitel am Rückenmark entlang.

Edelsteine und Energiefluss

Hildegard setzte Edelsteine ganz konkret für die Behandlung von körperlichen Erkrankungen ein. Viele Textstellen zeigen aber, dass ihr dabei durchaus bewusst war, dass Edelsteine vornehmlich feinstofflich wirken und demnach vor allem die Energien im menschlichen Körper beeinflussen. Über den Hautkontakt wirkt sich die Schwingungsenergie der Steine auf den Fluss der Lebensenergie – bei Hildegard als »viriditas« bezeichnet – aus. Ebenso könnte man auch sagen, dass die Edelsteine negativen Kräften entgegenwirken.

Energiefeld mit heilendem Einfluss

Am leichtesten kann man sich die Wirkung dabei wie ein Energiefeld vorstellen, das die Lebensenergie des Menschen durchstrahlt, ihn vor schädlichen Einwirkungen schützt und nicht zuletzt auch einen heilenden Einfluss auf seinen Körper zeigt.

Heilwirkung durch die Farben der Steine

Inzwischen wissen wir, dass Edelsteine auch über ihre Farben auf die menschliche Psyche einwirken – eine Tatsache, die vor allem bei Aura Soma und in der Farbtherapie erkannt wurde.

Aus der von Hildegard erkannten Wirkungsweise der Edelsteine folgt, dass diese in der Regel nicht eingenommen werden müssen. In der traditionellen Medizin des Mittelalters war es vor Hildegard jedoch durchaus üblich, Edelsteine unter größten Mühen zu zermahlen und sie als Arzneidrogen zu verarbeiten. Hildegard von Bingen erkannte jedoch die eigentliche, energetische Natur der Edelsteine und setzte sie mit wenigen Ausnahmen immer als Ganzes ein.

Freigesetzte Schwingungsenergie

Die Bereitschaft, sich auf die Energie der Steine einzulassen und die eigene Beobachtungsgabe zu entwickeln, ist sicher nicht jedermanns Sache. Allzu sehr haben sich viele Menschen an die schnelle Unterdrückung unangenehmer Symptome durch chemische Medikamente gewöhnt, als dass sie zu einer grundlegenden Veränderung ihrer Lebens- und Sichtweise bereit wären. Doch erstaunlicherweise gibt es auf der anderen Seite auch immer mehr begeisterte Anhänger der Edelsteintherapie nach Hildegard. Dies liegt nicht allein daran, dass die Heilwirkungen einiger Hildegard-Heilsteine höchst erstaunlich sind, sondern auch daran, dass immer mehr Menschen nach neuen Wegen suchen, Verantwortung für ihr Leben und ihre Gesundheit zu übernehmen.

Eigene Erfahrungen sammeln

Die von Hildegard vor Jahrhunderten »entdeckten« Heilsteine ermöglichen es uns auch heute noch auf wunderbare Weise, aktuelle Erfahrungen mit den harmonisierenden Wirkungen der Steine zu sammeln. Damit Sie sich im »Land der Heilsteine« besser zurechtfinden, bieten wir Ihnen im Folgenden gewissermaßen eine Art Landkarte der Hildegard-Edelsteintherapie an, indem wir die wichtigsten Heilsteine, ihre Wirkungen und ihre Anwendungsweise beschreiben. Aufgrund aller bisherigen Erfahrungen auf dem Gebiet der Hildegard-Edelsteintherapie können wir Ihnen jetzt schon versprechen, dass Sie einige positive Überraschungen erleben werden, sofern Sie wirklich bereit sind, sich auf die Anziehung, die Schwingungsenergie und die Heilkraft der Steine einzulassen.

Beachten Sie, dass Form und Verarbeitung eine Auswirkung auf die Heilkraft haben können. Am besten geeignet sind die glatten Exemplare (also Trommel- oder Schmucksteine).

9

HEILENDE STEINE VON A BIS Z

Die naturheilkundliche Medizin kennt seit alters her Steine als Heilmittel bei verschiedenen Krankheiten. Alle natürlich gewachsenen Steine besitzen eine Heilkraft. Allerdings eignet sich nicht jeder Stein für jede Gesundheitsstörung. Daher wollen wir in diesem Buch die wichtigsten Heilsteine genauer vorstellen. Wir werfen dabei einen Blick auf ihre Geschichte, ihre Fundorte, ihre mineralogisch-geologischen Eigenschaften, ihre Heilwirkungen und ihre wichtigsten Anwendungsweisen in Geschichte und Gegenwart.

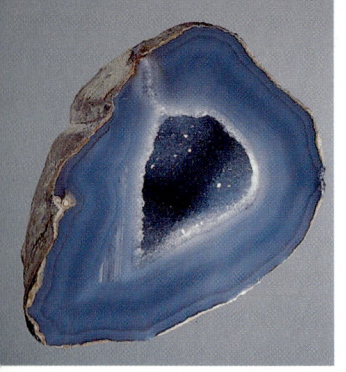

ACHAT

D er Achat galt in der Antike als Glücksbringer. Er hat eine entspannende Wirkung auf die Seele und aktiviert die Selbstheilungskräfte des Körpers.

Grunddaten

MINERALOGISCHE EIGENSCHAFTEN: Der Achat ist ein feinfaseriges, trigonal auskristallisierendes Quarzmineral, das zur Gruppe der Chalzedone zählt. Achate bilden sich in Gasblasen und Hohlräumen erkalteter Laväströme.

CHEMISCHE ZUSAMMENSETZUNG: SiO_2

EINLAGERUNGEN: Al, Ca, Fe, Mn

HÄRTE: 6,5 bis 7

FARBE: Achate weisen aufgrund von Eisen-, Chrom und anderen Metallbeimengungen ein reiches Farbenspektrum auf. Die Farben reichen über rötliche und bräunliche Töne bis graublau und beige. Die charakteristischen Zeichnungen, Muster und Streifen entstehen durch die Metallbeimengung und die in Schichten erfolgende Erhärtung.

FUNDORTE: ehemals vulkanische Gebiete, vor allem bei Idar-Oberstein, im Schwarzwald, in Sachsen, Mexiko, Brasilien, Uruguay, USA, Vorderindien und Australien.

Geschichte

Achate gehören zu den ältesten Heilsteinen der Welt. Der Achat wurde bereits um 300 vor Christus von dem griechischen Philosophen Theophrast beschrieben und ist nach dem sizilianischen Fluss Achates (heute Dirillo) benannt. Er wurde aber wahrscheinlich nicht in Sizilien gefunden, sondern nur dort gehandelt. Die farbigen Schichten machten den Stein seit jeher sehr beliebt. Die Achatschneidekunst, die zuerst bei den Griechen und später bei den Römern ausgeübt wurde, brachte zahlreiche schöne Schmuckgegenstände hervor. Achate galten im Altertum als besonders wertvoll. Sie wurden häufig zu Ringen, Gemmen, Figuren und Gefäßen verarbeitet. Um die Jahrtausendwende wurde die Schneidekunst in Byzanz und Konstantinopel durch das Brennen der Achate ergänzt, durch das die Farben verstärkt werden konnten und die Schmuckstücke noch prächtiger wurden.

Hildegard über den Achat

Der Achat bildet sich im Sand der Gewässer, die sich von Osten nach Süden erstrecken, und er ist warm und feurig. Von Luft und Wasser hat er aber mehr Kraft als vom Feuer ...

▶ Und wenn eine Spinne oder anderes Gewürm Gift über den Menschen ausspritzt, ohne dass es in seinen Körper einzudringen vermochte, dann soll der Betroffene den Achat stark erwärmen – in der Sonne oder auf einem heißen Ziegel. Und er lege ihn warm auf die schmerzende Stelle, und so nimmt der Stein das ganze Gift weg. Dann erwärme der Kranke den Stein nochmals auf die gleiche Weise und halte ihn über heißen Wasserdampf, so dass das Ausgeschwitzte [des Steins] sich mit dem Wasser mische. Dann lege er ihn für eine kurze Stunde in das Wasser hinein und tauche ein Leinentuch in dieses Wasser und lege dieses Tuch auf seinen Körper, dort wo die Spinne gestochen hat oder anderes Gift ausgesprüht wurde, und er wird geheilt.

▶ Wenn aber ein Mensch diesen Stein mit sich tragen will, so lege er ihn auf die bloße Haut, so dass er sich aufwärmen kann. Die Natur des Steines macht den Menschen dann geschickt, verständnisvoll und klug beim Reden, weil der Achat aus Feuer, Luft und Wasser entsteht. Denn ebenso, wie bestimmte Pflanzen, die die Haut des Menschen berühren, dort Blasen und Geschwüre hervorbringen, so machen einige Edelsteine den Menschen durch ihre Energie gut und tüchtig, wenn sie auf die Haut gebracht werden.

▶ Wenn aber jemand die Fallsucht hat oder mondsüchtig ist, soll er einen Achat auf der Haut tragen, so wird es ihm besser gehen ... Und wenn jemand die Fallsucht hat, lege er den Achat bei Vollmond drei Tage lang in Wasser ein. Am vierten Tag nehme er ihn weg und koche das Wasser nur leicht, damit es nicht aufkocht. Und mit dem aufbewahrten Wasser koche er alle seine Speisen, bis der Mond ganz abnimmt. Und in alles, was er in dieser Zeit trinkt, ob Wasser oder Wein, lege er den Achat. Dies mache er zehn Monate lang, so wird er geheilt sein – außer wenn Gott es nicht will. (*Physica,* Buch 4;16)

Nach Hildegard »zieht« der Achat nach einem Insektenstich das Gift aus dem Körper – allerdings muss der Stein zuvor im Wasserdampf erhitzt werden.

Anwendung nach Hildegard

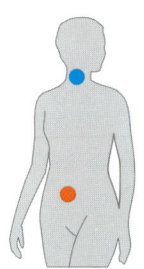

Rote Achate beeinflussen das Sakralchakra, blaue das Kehlkopfchakra. Sie sind den Sternzeichen Steinbock und Stier zugeordnet.

Hildegard empfiehlt den Achat bei verschiedenen körperlichen Beschwerden, aber auch bei seelischen Problemen. Der Stein eignet sich laut Hildegard besonders gut für die Behandlung von Insektenstichen. Mit den erwähnten »Spinnenstichen« dürften allerdings sehr wahrscheinlich Zeckenbisse gemeint sein.

Darüber hinaus kann der Achat auch bei Schlafwandeln, Schlaflosigkeit, nervösen Erregungszuständen und sogar als Unterstützung für die Behandlung der Epilepsie eingesetzt werden.

Ferner erwähnt Hildegard, dass die Energie des Steines den Menschen »geschickt, verständnisvoll und klug beim Reden macht«. Der Achat hilft also, die Kommunikation zu verbessern. Er stärkt die Konzentration, erleichtert den Umgang mit der Sprache und hilft nicht zuletzt auch bei Kontaktschwierigkeiten.

Praxis-Tipp

Achate sind als Anhänger in Form von Kugeln, Ketten oder polierten Steinen im Handel erhältlich. Es empfiehlt sich, den Stein nach Möglichkeit immer direkt auf der Haut zu tragen und ihn einmal im Monat zu entladen. Halten Sie den Achat dazu kurz unter fließendes warmes Wasser.

Hier hilft der Stein

Insekten- und Spinnengifte (Zecken!), Wespen- und Bienenstiche, Hautirritationen

▶ Beginnen Sie die Behandlung möglichst unmittelbar nach dem Biss. Erwärmen Sie den Stein (möglichst an der Sonne) und legen Sie ihn auf die Bissstelle. Halten Sie dann den Stein auf einem großen Löffel über einen Topf mit kochendem Wasser, bis nach einiger Zeit Kondenswasser vom Stein tropft, und legen Sie den Achat anschließend etwa 45 Minuten lang in das nicht mehr kochende Wasser.

Tränken Sie dann ein Leinentuch und legen Sie es sofort direkt auf die betroffenen Hautbereiche auf.

Kommunikationsprobleme, Konzentrationsschwierigkeiten, zur Verbesserung der Feinfühligkeit, bei Prüfungssituationen

▶ Tragen Sie den Stein am besten direkt in der Hand. Oder besser noch: Benützen Sie einen Achatanhänger.

Schlafwandeln, unterstützende Behandlung der Epilepsie, bei innerer Unruhe, Erregungszuständen und Schlaflosigkeit

▶ Legen Sie einen Tag vor dem nächsten Vollmond einen Achat in Wasser. Lassen Sie den Stein drei Tage lang im Wasser liegen, entfernen Sie ihn am vierten Tag und lassen Sie das Wasser kurz köcheln. Benutzen Sie dieses Wasser dann zur Zubereitung aller Speisen. Zusätzlich empfiehlt Hildegard, in jedes Getränk, das Sie zu sich nehmen, einen Achat zu legen. Führen Sie diese Anwendung auf jeden Fall mindestens zehn Monate lang durch.

Auch ermüdete Augen regenerieren sich durch Auflegen einer Achatscheibe schneller. Besonders wichtig ist dabei der Hautkontakt des Steines mit dem erkrankten Organ. Achate werden heute aufgrund ihres vielfältigen Farbenspektrums vielfach als Schmucksteine verwendet; sie können auch künstlich gefärbt werden, z. B. rot durch Tränken mit Eisenoxid oder schwarz durch Zuckerlösungen, die durch Schwefelsäure zu Kohle zersetzt werden.

Edelsteintherapeuten verwenden den Achat heute auch gegen fiebrige Erkrankungen und Hautprobleme.

Der Achat in der modernen Edelsteintherapie

Neben den von Hildegard beschriebenen Anwendungsgebieten werden Achate in der heutigen Edelsteintherapie eingesetzt, um schwangere Frauen zu schützen. Ferner hilft der Achat bei fieberhaften Erkrankungen und Hautproblemen. Im psychischen Bereich trägt der Stein dazu bei, Spannungen loszulassen und schwierige Situationen besser zu meistern.

Achate sind wegen ihres auffälligen Farbenspektrums besonders dekorativ.

AMETHYST

Der Amethyst galt in der Antike als Stein, der für Klarheit und Standfestigkeit sorgt. Im katholischen Bischofsring symbolisiert der Amethyst Reinheit und Geistigkeit.

Daten und Fakten

MINERALOGISCHE EIGENSCHAFTEN: Beim Amethyst handelt es sich um eine Varietät des Quarzes. Amethyste können sowohl männlich (rechts gedreht) als auch weiblich (links gedreht) kristallisieren. Auf diese Weise entstehen verschiedene Kristallstrukturen – während die männlichen Kristalle spitz zulaufen, sind die weiblichen oben leicht abgeflacht. Die trigonalen Kristalle sind vor allem in vulkanischen Gasblasen entstanden.

CHEMISCHE ZUSAMMENSETZUNG: SiO_2

EINLAGERUNGEN: Al, Fe, Ca, Mg, Li, Na

HÄRTE: 7

FARBE: violett oder purpurrot. Die Färbungen werden durch im Kristallverband anwesende Eisen- oder Manganverbindungen verursacht. Durch Brennen über 5000 °C entsteht eine Gelbfärbung.

FUNDORTE: Brasilien, Mexiko, Uruguay, Ceylon und Westaustralien, früher auch Idar-Oberstein.

Geschichte

Der Name dieses meist violetten Edelsteines stammt aus dem Altgriechischen (»amethystos«) und bedeutet so viel wie »der ohne Rausch«. In der Antike glaubte man nämlich, dass der Amethyst Berauschte wieder nüchtern machen könne und seinen Trägern mehr Klarheit und Standfestigkeit verleihe. Nahezu alle Völker verehrten den Amethyst als einen Stein, der bösem Zauber und dem Angriff dämonischer Kräfte entgegenwirkte.

Auch galt der Amethyst als Glücksbringer, der nicht zuletzt auch dazu beitrug, trübe und düstere Gedanken zu vertreiben. Im Osten ist der Amethyst seit jeher ein beliebter Stein. Insbesondere in Indien benutzen ihn buddhistische Mönche in rosenkranzähnlicher Form traditionell für die Meditation. Sie sind davon überzeugt, dass er die Konzentration fördert.

Hildegard über den Amethyst

 Der Amethyst wächst, wenn die Sonne ihren Ring wirft, ... und er ist voller Wärme und Feuer, zugleich aber etwas luftig, da zu jener Zeit, wenn die Sonne den erwähnten Ring wirft, die Luft ein wenig lauwarm ist.

▶ Wenn aber ein Mensch an Flecken in seinem Gesicht leidet, so befeuchte er den Amethyst mit seinem Speichel und streiche mit dem auf diese Weise befeuchteten Stein über die Flecken hinweg. Auch wärme er Wasser auf dem Feuer auf, dann halte er den Stein über dieses Wasser, so dass der sich am Stein bildende Schweiß sich mit dem Wasser vermischen kann, danach lege er ihn noch in das Wasser hinein. Mit diesem Wasser wasche er oft sein Gesicht ab, und seine Haut wird zart und die Farbe seines Gesichtes schön sein.

▶ Wenn aber ein Mensch an einer sich neu bildenden Geschwulst leidet, die an irgendeiner Stelle seines Körpers heranwächst, so befeuchte er jenen Stein mit seinem Speichel und berühre alle Stellen der Geschwulst mit dem so befeuchteten Stein, so wird diese Geschwulst klein werden und schließlich auch verschwinden.

▶ Wenn aber eine Spinne den Menschen an seinem Leibe gestochen hat, dann streiche er mit dem Stein über die Stelle des Stichs, und so wird er geheilt werden ... (*Physica,* Buch 4;15)

Anwendung nach Hildegard

Hildegard empfiehlt den Amethyst einerseits als kosmetisches Mittel, etwa um »Flecken im Gesicht«, also Pigment- und Altersflecken, wahrscheinlich auch Muttermale und Sommersprossen, zu beseitigen.

Darüber hinaus wendet die Heilige Hildegard den Stein aber auch an, um »Geschwulste« zu behandeln. Dabei dürfte Hildegard sich vor allem auf gutartige Geschwüre und auf Schwellungen beziehen, wie sie nach Schlägen oder Stößen auftreten. Doch auch bei »Spinnenstichen«, womit sehr wahrscheinlich verschiedene Insektenstiche wie etwa Wespen- oder Mückenstiche gemeint sein dürften, kommt der Amethyst laut Hildegard zur Anwendung.

Wer sich häufig mit Wasser wäscht, in das ein Amethyst eingelegt war, bekommt nach Hildegard eine schöne Gesichtshaut; außerdem wirkt der Stein abschwellend.

17

Praxis-Tipp

Der Amethyst gehört zu den beliebtesten Edelsteinen. Im Handel kann er als Kristall, Rohstein, Handschmeichler, Kette, Pyramide, Kugel und als Hals- oder Armreif erworben werden. Entladen Sie den Stein einmal im Monat, indem Sie ihn einige Minuten unter fließendes warmes Wasser halten. Für Heilzwecke ist es erfahrungsgemäß besonders günstig, den Stein des jeweils anderen Geschlechts zu wählen.

Hier hilft der Stein

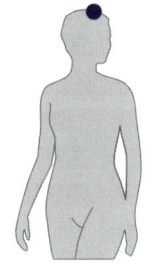

Hautprobleme, Altersflecken, Pigmentstörungen (vor allem im Gesicht), Sommersprossen, Pickel, Hautunreinheiten

▶ Verwenden Sie in diesem Fall einen Amethystkristall oder einen Amethysttrommelstein. Befeuchten Sie den Stein mit Ihrem Speichel und bestreichen Sie die betroffenen Stellen mehrmals täglich mit dem befeuchteten Stein.

Der Amethyst hängt mit dem Scheitelchakra zusammen und ist dem Sternzeichen Fische zugeordnet.

Bringen Sie mindestens einen Liter Wasser zum Kochen. Halten Sie den Amethyst auf einem Löffel kurz in den Wasserdampf, so dass er beschlägt. Legen Sie den Stein anschließend in das heiße Wasser und entfernen Sie den Topf vom Herd. Sobald das Wasser abgekühlt ist, können Sie es verwenden, um Ihr Gesicht damit zu waschen. Wiederholen Sie diese Anwendung über einen längeren Zeitraum (mehrere Monate) möglichst ein- bis zweimal täglich.

Schwellungen, Prellungen, Insektenstiche, als unterstützende Behandlung von Geschwulstleiden, vor allem bei neu auftretenden Geschwüren

▶ Befeuchten Sie den Edelstein mit Ihrem Speichel, indem Sie ihn kurz in den Mund nehmen. Bestreichen Sie anschließend die betroffenen Stellen sanft mit dem feuchten Stein und wiederholen Sie diese Anwendung mehrmals hintereinander. Nach einigen Tagen oder Wochen müsste normalerweise eine Besserung eintreten. Schwellungen klingen in der Regel rascher ab, bei Geschwüren müssen Sie mehr Geduld an den Tag legen.

Der Amethyst in der modernen Edelsteintherapie

Lithotherapeuten setzen den Amethyst gegen sehr viele verschiedenartige Beschwerden ein. Zu den wichtigsten Anwendungsgebieten zählen alle Formen von Nervosität, Nervenleiden und emotionaler Erregung, aber auch Schlaflosigkeit. Der Amethyst gilt als ein besonders beruhigender, ausgleichender Edelstein. Er hilft bei psychosomatischen Beschwerden, also bei Erkrankungen, die vor allem durch seelische Fehlhaltungen hervorgerufen werden. Besonders wirkungsvoll ist der Stein bei einem »nervösen Magen« oder Spannungskopfschmerzen.

Der Ametyhst wird von vielen Menschen besonders wegen seiner beruhigenden und konzentrationsfördernden Wirkung geschätzt.

Mentale Stärke durch den Amethyst

Psychosomatische Störungen entstehen immer dann, wenn die Seele leidet, wenn Termindruck, Frustrationen und Misserfolgserlebnisse sich immer mehr häufen und langfristig das Selbstbewusstsein ins Wanken gerät. Gerade bei den psychosomatischen Erkrankungen zeigen sich schnell die Grenzen der rein empirisch-wissenschaftlichen Schulmedizin. Der Grund ist, dass sich weder die gesunde Psyche noch seelische Störungen und Erkrankungen in Maß und Zahl fassen lassen. Hinzu kommt, dass die Übergänge zwischen »gesund« und »krank« häufig fließend sind und eine klare Einteilung erschweren. Psychosomatische Störungen sind daher eine unbestrittene Domäne der Natur- und Erfahrungsmedizin. Im seelisch-geistigen Bereich kann ein auf der Haut getragener Amethyst dazu beitragen, die Konzentration zu erhöhen. Er bringt mehr Klarheit ins Denken und unterstützt uns darin, auch in schwierigen Situationen wie etwa Prüfungen ruhig zu bleiben. Der Kristall gilt auch als ein Stein, der die Phantasie anregt und das bildliche Vorstellungsvermögen schärft, was vor allem für Menschen wichtig ist, die mit Visualisierungsübungen arbeiten.

Der Amethyst ist violett oder purpurrot.

BERGKRISTALL

Daten und Fakten

MINERALOGISCHE EIGENSCHAFTEN: Der Bergkristall ist ein durchsichtiger Quarz, der aus reinem Siliziumoxid und Sauerstoff trigonal kristallisiert. Grundsätzlich ist zwischen weiblichen (oben abgeflachten, links gedrehten) und männlichen (oben zugespitzten, rechts gedrehten) Varianten zu unterscheiden. Der Bergkristall kommt in der Natur sowohl als Einzelkristall als auch in Form von zuweilen beeindruckend großen Kristallgruppen vor.

CHEMISCHE ZUSAMMENSETZUNG: SiO_2

HÄRTE: 7

FARBE: farblos bis weiß und durchsichtig

FUNDORTE: weltweites Vorkommen, insbesondere aber in den Alpen, in Brasilien und den USA.

Der Bergkristall galt in der Antike als Inbegriff des Göttlichen. Hildegard empfiehlt den Bergkristall gegen Sehschwäche und negative Gedanken.

Geschichte

Die alten Griechen bezeichneten den Bergkristall, der schon immer zu den bekanntesten Edelsteinen gehörte, als »Krystallos« – »das Eis«. In der Antike glaubten die Menschen, dass Bergkristalle versteinerte Eiskristalle seien. Der legendäre römische Kaiser Augustus (63 v. Chr.–14 n. Chr.) weihte den damals größten bekannten Stein auf dem Capitol einer Gottheit. Und Nero (54–68 n. Chr.) pflegte seinen Wein ausschließlich aus Bergkristallpokalen zu trinken, weil er fest daran glaubte, der Stein würde mithelfen, seinen Durst zu löschen. Während die Römer annahmen, dass die Götter im Bergkristall wohnten, beteten die Indianer den Kristall als Schutzstein an, weshalb der Bergkristall innerhalb der indianischen Tradition Neugeborenen noch bis heute in die Wiege gelegt wird, um sie vor bösen Geistern und Dämonen zu schützen. Auch im Osten kommt dem Bergkristall eine große Bedeutung zu: Mönche einiger buddhistischer Sekten verwenden ihn beispielsweise zur Vertiefung ihrer Meditation – ähnlich wie Christen das Kreuz als Meditationssymbol benutzen.

Hildegard über den Bergkristall

Für die Heilige Hildegard von Bingen ist der Bergkristall ein Stein aus »kalten Wassern von dunkler Farbe«. Diese Definition findet in der modernen Geologie Zustimmung.

Der Kristall bildet sich aus gewissen kalten Wassern, die von dunkler Farbe sind. Wenn etwas Luftiges dieses Wasser berührt, so fügt sich das Wasser durch die Kälte an einer bestimmten Stelle wie eine Art Masse zusammen und wird zu etwas Festem, so als wäre es das Herz des Wassers. Wird es dann noch von der warmen Luft oder Sonne berührt, so wird dieser Masse durch die Hitze das Trübe und Weißliche entzogen, wodurch sie etwas rein wird, ohne dass sie durch die Wärme aufgelöst werden kann. Kommt dann wiederum Kälte dazu, so festigt und klärt sich diese Masse noch mehr. Und dies ist so stark, dass es selbst durch Hitze nicht mehr zerstört werden kann, selbst wenn das ganze Eis ringsumher geschmolzen ist. So entsteht der Kristall, das ist der Bergkristall.

▶ Wem aber die Augen sich trüben, der wärme den Kristall an der Sonne auf und lege ihn warm auf seine Augen. Da seine natürliche Energie vom Wasser ist, entzieht er den Augen die schlechten Säfte, so dass der Erkrankte besser sehen wird ...

▶ Wenn ein Mensch aber an einer Schwellung der Kehle leidet oder Drüsen an seinem Hals entstehen, so wärme er den Stein in der Sonne auf und gieße Wein über den erwärmten Stein, und diesen Wein trinke er oft. Auch berühre er seine Kehle an der geschwollenen Stelle oft mit dem sonnengewärmten Kristall, so wird sie [die Schwellung] schwinden.

▶ Doch auch wenn ein Mensch im Herz, Magen oder Bauch Schmerzen leidet, so wärme er den Stein an der Sonne, gieße Wasser über den gewärmten Stein und lege ihn dann für eine kurze Stunde in das Wasser hinein und nehme in anschließend weg. Dieses Wasser trinke er oft, so wird es ihm besser gehen mit dem Herzen, dem Magen oder Bauch ... (*Physica,* Buch 4;20*)*

Nach Hildegard ist ein auf die Augen gelegter Bergkristall ein ausgezeichnetes Mittel gegen Sehschwäche, weil er den Augen »die schlechten Säfte« entzieht.

21

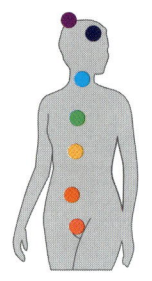

Der Bergkristall wirkt sich auf sämtliche Chakras harmonisierend aus. Er steht mit dem Sternzeichen Löwe in Verbindung.

Anwendung nach Hildegard

Hildegard empfiehlt den Bergkristall vor allem als Heilmittel gegen Sehschwäche. Dabei ist jedoch zu bedenken, dass sich die erwähnte »Trübung« oder »Verdunkelung« nicht nur auf Augenerkrankungen bezieht, sondern auch Sehbeeinträchtigungen im übertragenen Sinne einschließt. Hildegards Ausdrucksweise ist an vielen Stellen mehrdeutig und symbolisch aufzufassen. Wenn Hildegard von einer »Verdunkelung« (caligo) spricht, kann sowohl eine einseitige, pessimistische Perspektive als auch eine tatsächliche Sehschwäche gemeint sein.

Doch die Heilige Hildegard spricht noch weitere Möglichkeiten für den Einsatz des Bergkristalls an. So wird der Stein bei Problemen im Halsbereich, vor allem bei Schilddrüsenleiden, insbesondere Schilddrüsenüberfunktion und Kropfbildung (Struma), aber auch bei Hals- und Mandelentzündungen empfohlen. Ferner hilft der Kristall auch bei Beschwerden im Herz-, Magen- und Bauchbereich.

Praxis-Tipp

Der Bergkristall ist in vielen verschiedenen Formen erhältlich, beispielsweise als Rohstein, Handschmeichler, Kette, in Form von Obelisken, Scheiben oder Kugeln. Je größer und reiner der Kristall ist, desto bessere Heilwirkungen sind zu erwarten. Der Bergkristall sollte immer in der Sonne aufgeladen werden. Lagern Sie ihn nachts, indem Sie ihn gemeinsam mit trockenen Hämatittrommelsteinen aufbewahren.

Hier hilft der Stein

Sehstörungen, Sehschwäche, Augenerkrankungen

▶ Verwenden Sie hierfür einen kleinen Bergkristall-Rohstein oder eine geschliffene Kristallscheibe. Falls beide Augen betroffen sind, benötigen Sie zwei kleine Steine. Erwärmen Sie sie an der Sonne und legen Sie sie für etwa 15 Minuten auf die geschlossenen Augen.

Wiederholen Sie das Ganze mehrmals täglich. In den meisten Fällen können Sie schon nach wenigen Tagen eine deutliche Besserung Ihrer Beschwerden feststellen. Wo es etwas länger dauert, zahlt sich Geduld fast immer aus.

Schilddrüsenleiden, Schilddrüsenüberfunktion, Kropf (Struma), Rachen- und Mandelentzündungen

▶ Verwenden Sie nach Möglichkeit einen Rohstein. Erwärmen Sie den Kristall an der Sonne und übergießen Sie ihn in einer Schüssel oder einem Topf mit einem Liter Wein. Lassen Sie den Bergkristall kurz auf den Wein einwirken, entfernen Sie ihn dann und füllen Sie den Wein in eine Flasche. Trinken Sie drei- bis viermal täglich ein Likörglas dieses Weines. Sie sollten diese Anwendung auf jeden Fall über einen längeren Zeitraum durchführen. Berühren Sie den geschwollenen oder schmerzenden Bereich am Hals außerdem mehrmals täglich mit dem sonnenerwärmten Stein.

Herzschmerzen, Magen- und Darmbeschwerden, Bauchschmerzen, Verdauungsstörungen

▶ Wärmen Sie den Bergkristall zunächst in der Sonne auf und legen Sie den Kristall in einen großen Topf. Gießen Sie dann etwa einen Liter Wasser über den Stein und lassen Sie ihn anschließend 45 Minuten lang im aufgefangenen Wasser liegen. Entfernen Sie den Kristall und füllen Sie das Wasser dann in eine große Flasche ab. Trinken Sie über einen längeren Zeitraum mindestens fünfmal täglich ein kleines Gläschen dieses Wassers.

Der Bergkristall in der modernen Edelsteintherapie

Heute wird der Bergkristall außerhalb der Hildegard-Medizin hauptsächlich dafür verwendet, um seelische Blockaden und Ängste aufzulösen. Darüber hinaus gilt der Stein auch als ein gutes Heilmittel, wenn es darum geht, kleinere Verletzungen oder Brandblasen zum Abheilen zu bringen.

Edelsteintherapeuten nutzen heute vor allem die fiebersenkenden und schmerzlindernden Eigenschaften des Bergkristalls.

Der Bergkristall löst seelische Blockaden und Ängste.

23

Der Bernstein galt in der Antike als sonnenstrahlender Stein. Hildegard empfiehlt den Bernstein gegen Magenbeschwerden und Blasenleiden.

BERNSTEIN (LIGURIUS)

Daten und Fakten

MINERALOGISCHE EIGENSCHAFTEN: Der Stein ist das fossile, im Laufe von 50 Millionen Jahren versteinerte Harz von Nadelbäumen (Bernsteinkiefer). Somit ist der Bernstein organischen Ursprungs und genau genommen kein Mineral. Der Stein kommt in runden oder unregelmäßigen Klumpen, Körnern oder Tropfen vor. Sein interessantes, charakteristisches Aussehen verdankt der Bernstein Insekten- oder Pflanzeneinschlüssen.

CHEMISCHE ZUSAMMENSETZUNG: $C_{40}H_{64}O_4$

HÄRTE: 2 bis 2,5

FARBE: hell- bis dunkelgelb, orange, bräunlich, aber auch weiß

FUNDORTE: Deutschland, Dominikanische Republik, Baltische Küste, Litauen, Polen, Sizilien, Rumänien, Australien und Kanada.

Geschichte

Der Gebrauch des Steins hat eine lange Geschichte. Er wurde schon in der Steinzeit als Schmuck getragen. Später verehrten die Griechen den Bernstein. Sie nannten ihn »elektron«, was so viel wie »sonnenstrahlend« bedeutet. Aus dem griechischen Wort »elektron« leitet sich das heutige »Elektrizität« ab – denn die Griechen beobachteten, wie sich der Bernstein durch Reiben mit einem Tuch mit statischer Elektrizität auflud. Bei den Arabern wurden Bernsteinamulette als Schutz vor bösen Geistern getragen. Der deutsche Name »Bernstein« leitet sich aus dem niederdeutschen »bernen« ab, was sich mit »brennen« übersetzen lässt. »Bernstein« heißt also eigentlich wörtlich »der brennende Stein« – wahrscheinlich deshalb, weil er sich bei Feuerkontakt besonders schnell entzündet.

Seit dem 17. Jahrhundert waren Königsberg und Danzig die Mittelpunkte der künstlerischen Bearbeitung. Das bedeutendste Bernsteinwerk war das berühmte Bernsteinzimmer, Anfang des 18. Jahrhunderts für Friedrich I. in Berlin geschaffen.

Hildegard über den Bernstein (Ligurius)

 Da der Bernstein ursprünglich vor allem bei den so genannten Ligurern, einem oberitalienischen Handelsvolk, verkauft wurde, heißt der Stein bei der Heiligen Hildegard von Bingen »Ligurer« beziehungsweise »Ligurerstein«. Hildegard-Experten bezweifeln heute jedoch, dass die Einleitung des Bernsteinkapitels, in dem die Heilige Hildegard die Entstehung des Steins aus dem Harn des Luchses ableitet, tatsächlich authentisch ist. Vieles spricht für die Bedenken an der Echtheit dieser einleitenden Passage. Aus diesem Grund haben wir uns entschlossen, uns bei der Übersetzung der Textstelle auf die traditionellen Indikationen zu beschränken, die höchstwahrscheinlich direkt von Hildegard stammen.

Da die Lateinkenntnisse der Heiligen Hildegard mangelhaft waren, pflegte sie ihre zahlreichen Briefe und Bücher einem Mitarbeiter zu diktieren, der sie für sie niederschrieb.

▶ ... wenn aber ein Mensch unter starken Schmerzen im Magen leidet, dann lege er den Ligurius für eine kurze Stunde in Bier, Wein oder Wasser ein und nehme ihn dann wieder fort. So wird diese Flüssigkeit von den Energien der Steine durchdrungen und nimmt die Kräfte davon an. Und das wiederhole er zwei Wochen lang und trinke eine kleine Menge davon nach dem Essen, aber nicht auf leeren Magen. Und es gibt weder Fieber noch Krankheit, die in seinem Magen so stark sein können, dass nicht sein Magen gereinigt, gesäubert und geheilt werden wird, es sei denn, der Tod steht bereits bevor. Doch trinke kein anderer Mensch diese Zubereitung, außer jenen, die unter Magenschmerzen leiden ...

▶ Wenn aber einem Menschen das Harnlassen Schwierigkeiten bereitet und er kaum Harn lassen kann, so lege er einen Ligurius für einen Tag lang in Milch von Kühen oder Schafen ein, jedoch nicht in Ziegenmilch. Und am zweiten Tag soll der Stein entfernt werden. Und er erwärme die Milch, das heißt, er lasse sie sieden. Und die gewärmte Milch trinke er und tue dies fünf Tage lang, so wird das die Harnverhaltungen auflösen. (*Physica,* Buch 4;19*)*

Nach Hildegard muss der Bernstein in Wein, Bier oder Milch eingelegt werden – dann hilft er zuverlässig gegen Magenschmerzen und Blasenleiden.

25

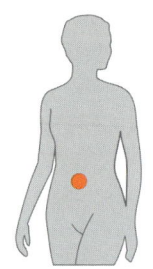

Der Bernstein wirkt über das Solarplexus-Chakra auf die feinstofflichen Energien des Menschen ein. Er ist dem Sternzeichen Zwillinge zugeordnet.

Anwendung nach Hildegard

Hildegard betont, dass der Bernstein bei Schmerzen im Magen – aus heutiger Sicht also bei Magen-Darmbeschwerden – verwendet werden kann. Die zweite klassische Bernsteinanwendung Hildegards bezieht sich auf Beschwerden beim Wasserlassen, insbesondere auf Blasenleiden wie Blasenkatarrhe, Blasensteine und Blasenentzündungen, aber auch auf Prostatabeschwerden.

Das sollten Sie beachten

Der Bernstein ist als Handschmeichler, als Kugel und in Form von verschiedenen Ketten, Anhängern und anderen Schmuckstücken auf dem Markt. Leider werden neuerdings auch viele aus jungem Baumharz gewonnen Bernsteinimitate angeboten, die eigentlich als »Kopal« ausgezeichnet sein sollten, was jedoch nicht immer der Fall ist. In »echtem« Bernstein wurden mitunter bis zu 3000 unterschiedliche, zusammen mit dem Harz versteinerte Insekten-, Pflanzen- und Wassertropfeneinschlüsse gefunden.

Praxis-Tipp

Achten Sie darauf, den Bernstein möglichst selten in die Sonne zu legen, da er sonst leicht brüchig wird. Entladen Sie den Stein unter fließendem, jedoch nicht zu heißem Wasser.

Hier hilft der Stein

Magenschmerzen, Magenschleimhautentzündung, Magen-Darm-Erkrankungen wie Katarrhe
▶ Legen Sie einen Rohstein oder Trommelstein 45 Minuten lang in eine kleine Menge Wasser, Bier oder Wein ein. Entfernen Sie den Bernstein anschließend und trinken Sie ein Likörglas des mit den Bernsteinenergien angereicherten Heilgetränks wahlweise nach dem Mittag- oder Abendessen. Wiederholen Sie diese Anwendung zwei Wochen lang.

Achten Sie jedoch darauf, das Getränk nicht auf nüchternen Magen zu trinken. Führen Sie diese Behandlung auch dann fort, wenn die Magen- oder Darmbeschwerden schon zuvor verschwunden sind.

Blasenleiden, Blasenkatarrhe, Blasenentzündungen, Prostatabeschwerden, Probleme beim Harnlassen

▶ Legen Sie einen Bernstein (möglichst einen Rohstein) 24 Stunden in 250 Milliliter Kuh- oder Schafmilch ein. Entfernen Sie den Stein am nächsten Tag und bringen Sie die Milch kurz zum Aufkochen. Trinken Sie sie anschließend warm. Wiederholen Sie diese Anwendung insgesamt an fünf aufeinander folgenden Tagen.

Seit nunmehr 7000 Jahren wird der Bernstein zur Besserung des Allgemeinbefindens und bei hartnäckigen Stoffwechselproblemen eingesetzt.

Der Bernstein in der modernen Edelsteintherapie

Seit vielen Jahrtausenden zählt der Bernstein zu den beliebtesten und wirkungsvollsten Heilsteinen. Heutige Edelsteintherapeuten setzen ihn vor allem gegen Hauterkrankungen ein. Auf der Haut getragen, lindert der Stein Ekzeme und hilft gegen Warzen und allergische Hautreaktionen. Aber auch bei allergischen Atembeschwerden und Asthma sowie für die Behandlung rheumatischer Erkrankungen und Nervenentzündungen kann der Bernstein wertvolle Dienste leisten. Auf der seelischen Ebene weckt der »sonnengoldene« Bernstein den Optimismus und die Lebensfreude. Wenn man weiß, dass allergische, asthmatische und rheumatische Beschwerden in vielen Fällen etwas mit Pessimismus und fehlender Lebensfreude zu tun haben, dann wird schnell verständlich, weshalb ausgerechnet der Bernstein hier so ausgezeichnete Dienste leistet. Wichtig ist allerdings, dass der Stein möglichst direkt auf der Haut getragen wird. Manche Edelsteintherapeuten schwören außerdem darauf, Bernstein in pulverisierter Form gegen Infektionen und Furunkel anzuwenden – von Hildegard ist allerdings diesbezüglich nichts überliefert.

Der Bernstein verhilft zu Optimismus und lindert Hautkrankheiten.

BERYLL

Der Beryll wurde in der Antike hauptsächlich als Schmuck getragen. Er ist der einzige Stein, der laut Hildegard pulverisiert zur Anwendung kommen soll.

Daten und Fakten

MINERALOGISCHE EIGENSCHAFTEN: Genau genommen ist »Beryll« die Bezeichnung für mehrere unterschiedliche Edelsteine, die aus Beryllium-Aluminium-Silikat bestehen. Der »reine« Beryll ist der farblose, durchsichtige Vertreter aus der Beryll-Gruppe, zu der übrigens auch die grünen Smaragde und die blauen Aquamarine zählen. Der farblose Beryll, der im hexagonalen System kristallisiert, wird auch als Goshenit bezeichnet.

CHEMISCHE ZUSAMMENSETZUNG: $Be_3Al_2Si_6O_{18}$

EINLAGERUNGEN: Li, Cs, Na, F, OH

HÄRTE: 7,5 bis 8

FARBE: klar und durchsichtig (Goshenit), rosa (Morganit), golden und gelbgrün (Goldberyll), blau (Aquamarin), grün (Smaragd)

FUNDORTE DES KLAREN BERYLLS: Brasilien, Pakistan, Afghanistan.

Geschichte

Der aus Mesopotamien stammende, klare, durchsichtige Beryll wurde im Altertum hauptsächlich als Schmuckstein getragen. Bei den Juden galt er jedoch seit jeher als heiliger Edelstein, der aufgrund seiner Eigenschaft, den Glauben an Gott zu verstärken und zu festigen, verehrt wurde. Die Griechen entdeckten die Brechungsfunktion des Berylls, aus dem sie die ersten Brillen anfertigten. Das Wort »Brille« leitet sich aus »Beryllus« ab. Darüber hinaus verehrten die Griechen den Stein aber auch als Glücksbringer, hieß es doch, dass der Beryll die Eigenschaft habe, die Liebe auch in einer langjährigen Ehe lebendig zu erhalten und darüber hinaus auch noch den Erfolg seines Trägers zu sichern. Der römische Kaiser Nero soll Augengläser aus geschliffenen Beryllen getragen haben, um die Schauspiele in der Arena besser beobachten zu können. Der mittelalterliche Dichter Konrad von Megenberg schreibt über den Stein: »Der Beryll vermag die Liebe zwischen Eheleuten wieder zu erwecken und verleiht dem, der ihn trägt, hohes Ansehen.«

Hildegard über den Beryll

Der Beryll ist warm, er wächst an den vereinzelten Tagen, und zwar zwischen der dritten Stunde des Tages und der Mittagszeit, aus dem Schaum des Wassers, der von der Sonne stark erwärmt worden ist. Und seine Energie stammt eher aus der Luft und aus dem Wasser als aus dem Feuer, trotzdem ist er aber ein wenig feurig.

▶ Wenn ein Mensch Giftiges gegessen oder getrunken hat, so soll er schnell eine winzige Menge Beryll in Quellwasser oder anderes Wasser hineinreiben und es sofort trinken. Und dies trinke er fünf Tage lang jeweils einmal am Tag nüchtern, so wird er das Gift durch den Brechreiz ausspeien oder es wird durch den Menschen hindurchgeleitet und verlässt ihn durch das Hinterteil.

▶ Wenn jemand einen Beryll immer bei sich trägt und ihn oft in der Hand hält und betrachtet, dann wird er nicht leicht mit anderen Menschen in Streit geraten, sondern friedfertig bleiben. (*Physica,* Buch 4;4)

Anwendung nach Hildegard

Der Beryll ist der einzige Stein, der innerhalb der Hildegard-Edelsteintherapie gerieben, also pulverisiert, zur Anwendung kommt. Leider ist es alles andere als leicht, dieses Pulver zu gewinnen. Erkundigen Sie sich daher lieber im Fachhandel und Hildegard-Vertrieb, als Ihr Glück selbst zu versuchen. Andererseits ist zu bedenken, dass bereits eine winzig kleine Menge Beryllpulver genügt, um die entgiftende Wirkung zu erzielen, von der die Heilige Hildegard spricht. Übrigens sollten akute Vergiftungserscheinungen durch Chemikalien, Alkohol oder Lebensmittelgifte niemals selbst behandelt werden. Da Vergiftungen lebensbedrohlich werden können, ist immer sofort ein Arzt aufzusuchen. Hingegen kann die von Hildegard vorgeschlagene Einnahme sehr hilfreich sein, um einen verdorbenen Magen zu kurieren, aber auch um schleichenden Vergiftungen durch die Aufnahme von Umweltgiften über die Nahrungskette entgegenzuwirken. Dazu ist die beschriebene Anwendung allerdings zweimal im Jahr zu wiederholen.

Hildegard empfiehlt den Beryll nicht nur bei »Vergiftungen«, sondern auch bei Streitsucht, also zur Harmonisierung des Gemüts.

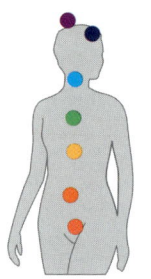

Der klare Beryll bringt die Energie sämtlicher Chakras zum Fließen. Er ist dem Sternzeichen Zwillinge zugeordnet.

Das sollten Sie beachten

Klare, weiße Berylle sind im Handel relativ selten. Grundsätzlich können die Steine in Form von Schmuckstücken (wie beispielsweise als Halsketten, Armbänder oder auch geschliffen und gefasst) gekauft werden. Daneben werden sie auch als Rohsteine, Handschmeichler oder Trommelsteine angeboten. Für Heilzwecke und zum Meditieren eignet sich sowohl ein einfacher Trommelstein als Anhänger wie auch ein Handschmeichler besonders gut. Tragen Sie den Stein stets auf der Haut oder legen Sie ihn auf.

Praxis-Tipp

Verwenden Sie für die folgenden Anwendungen einen möglichst durchsichtigen, weißlichen oder ins Bläuliche gehenden Stein, da der grünliche Smaragd, der ebenfalls zur Beryllgruppe zählt, laut Hildegard andere Heilwirkungen hat. Um den Beryll zu entladen, sollten Sie ihn mindestens einmal monatlich unter leichtem Reiben einige Zeit in fließendes Wasser halten. Bewahren Sie den Stein nachts am besten gemeinsam mit Hämatit-Trommelsteinen in einer trockenen Schale auf.

Hier hilft der Stein

Verdorbener Magen, Übelkeit, leichte »Vergiftungserscheinungen«

▶ Vermischen Sie eine winzige Menge (lediglich einige wenige Körnchen) abgeriebenes Beryllpulver mit einem Glas Wasser. Trinken Sie das Edelstein-Wasser-Gemisch einmal täglich vor dem Mittag- oder Abendessen auf nüchternen Magen. Wiederholen Sie diese Anwendung insgesamt an fünf aufeinander folgenden Tagen. Für eine allgemeine Entgiftungskur können Sie die Behandlung auch zweimal im Jahr durchführen. Bedenken Sie jedoch auch dabei, dass einige Körnchen des Pulvers vollkommen genügen, denn gerade beim Beryll gilt der Satz »viel hilft viel« ganz und gar nicht.

Streitsucht, Wut, Aggressionen

▶ Um die psychisch harmonisierende Wirkung zu erfahren, ist es notwendig, den Beryll möglichst häufig bei sich zu tragen. Verwenden Sie dazu eine Kette, die Sie Tag und Nacht direkt auf der Haut tragen, und nehmen Sie den Beryll zusätzlich immer wieder einmal in die Hand. Lassen Sie ihn aber auch optisch auf sich wirken – meditieren Sie also täglich immer wieder einmal über den Stein.

Der Beryll in der modernen Edelsteintherapie

In der Edelsteintherapie gilt der Beryll als sanfter und ungefährlicher Heiler, der gerne zur Linderung von Magen- und Darmbeschwerden eingesetzt wird. Magen-Darm-Probleme sind Beschwerden, die gerade in den westlichen Industrienationen weit verbreitet sind und laut aktueller Statistiken immer mehr um sich greifen. Schuld daran sind vor allem falsche Lebens- und Ernährungsgewohnheiten: Stress, denaturierte Lebensmittel, Bewegungsarmut und ein Lebensrhythmus, der sich immer weniger an dem der Natur orientiert.

Auch seelische Konflikte werden häufig im Bauchbereich ausgetragen. Wie krank Magen und Darm wirklich sind, fällt den meisten Menschen erst dann auf, wenn die Folgen deutlich werden: Allergien, erhöhte Infektanfälligkeit, Gelenkbeschwerden und vieles mehr. Der Beryll kann hier entscheidend zur Harmonisierung der gestörten Magen-Darm-Funktionen beitragen. Auf die Augen aufgelegt, tragen weiße Berylle dazu bei, angestrengte und übermüdete Augen zu entspannen und Augenerkrankungen zu heilen.

Doch auch wer auf Schiffs- oder Flugreisen zu Übelkeit und Anspannung neigt, sollte nach Möglichkeit einen Beryll mit auf die Reise nehmen, denn der Stein beruhigt, entkrampft und hilft dabei, Stress und Unwohlsein abzubauen. Nicht zuletzt hilft der Stein auch gegen Heimweh und Sehnsucht und beruhigt seinen Träger bei Reisefieber.

Viele Menschen schwören darauf, dass der Beryll Heimweh lindert – er ist somit der Stein für alle Reisenden.

Der eher seltene Beryll entspannt übermüdete Augen.

CHALZEDON

*Der Chalzedon galt
früher als Schutzstein
gegen Schwäche und
Schwermut. Hilde-
gard empfiehlt ihn
zur allgemeinen
Stärkung des
Immunsystems und
gegen Nervosität.*

Daten und Fakten

MINERALOGISCHE EIGENSCHAFTEN: »Chalzedon« ist nicht nur der Name für den Edelstein, sondern auch die Bezeichnung für eine Reihe unterschiedlicher, feinkristalliner Quarze, zu denen unter anderem auch Sarder, Jaspis und Onyx zählen. Der matt glänzende Chalzedon kristallisiert trigonal.

CHEMISCHE ZUSAMMENSETZUNG: SiO_2

EINLAGERUNG: Fe

HÄRTE: 7

FARBE: meist hellblau bis blau, oft gestreift. Es gibt auch rötliche, rosa oder weiße Chalzedone.

FUNDORTE: Der blaue Chalzedon wurde weltweit nur in Namibia (Afrika) gefunden, wobei die Fundstellen aufgrund jahrzehntelangen Abbaus inzwischen erschöpft sind. Der Stein steigt somit erheblich im Wert. Weitere, jedoch relativ unbedeutende Fundstellen liegen in Brasilien, Uruguay, den USA und Indien.

Geschichte

Der Chalzedon ist nach der antiken Stadt Chalkedon in Kleinasien benannt, wo er ursprünglich häufig gefunden wurde. Der milchige Stein wurde bereits in der Schneidekunst des Altertums verwendet. Seine verschiedenen, mehrfarbigen Lagen eigneten sich gut, um die Gemmen, also Schmucksteine mit eingeschliffenen Bildern, oft in Form von Wasser- oder Luftgöttern, anzufertigen. Im Altertum setzte man den Stein gegen wetterbedingte Störungen ein. Schon lange vor Hildegard galt der Chalzedon als der Stein der Sänger und Redner. So soll Demosthenes, der bedeutendste Redner der griechischen Antike, den Stein für Sprechübungen in den Mund genommen haben. In der tibetischen Tradition wurde der Chalzedon als Schutzstein verehrt, der Schwermut und Schwäche zu vertreiben vermochte. Laut Hildegard hilft der Chalzedon, einen Mitmenschen von der eigenen Meinung zu überzeugen.

Hildegard über den Chalzedon

Der Chalzedon wächst, wenn die Sonne am Abend schon untergegangen und die Luft noch ein wenig warm ist. Er bezieht seine Wärme daher auch eher von der Luft als von der Sonne. Und er besitzt gute Energien.

▶ Wenn aber jemand diesen Stein bei sich trägt, so soll er ihn in der Weise tragen, dass er seine Haut berührt und soll nach Möglichkeit dafür sorgen, dass er über eine Ader des Körpers zu liegen kommt. So werden sich die Ader und das Blut mit der Wärme und der Energie des Steines aufladen, so dass diese Kräfte an die übrigen Adern und das übrige Blut weitergeleitet werden. Auf diese Weise hält dieser Stein Krankheiten vom Menschen fern und schenkt ihm eine sehr starke Einstellung gegen den Jähzorn, wodurch er in seinem Verhalten so friedvoll sein wird, dass kaum noch ein Mensch zu finden ist, der ihn durch ungerechte Behandlung beleidigen und ihn zum Zorn verführen könnte, nicht einmal wenn dieser berechtigt wäre.

▶ Und wer den Wunsch hegt, redegewandt zu werden und seine Worte in richtiger Weise einzusetzen, der soll den Chalzedon in seiner Hand halten und ihn mit seinem Atem anhauchen, damit er davon befeuchtet werde. Dann lecke er [den Stein] mit seiner Zunge ab, und so wird er mit anderen Menschen beständiger reden können. (*Physica*, Buch 4;12)

Anwendung nach Hildegard

Obwohl der Chalzedon nur einer unter vielen Vertretern der Chalzedonfamilie ist, sollten die folgenden Anwendungen nur mit dem »echten« Chalzedon, nicht aber mit dem Achat, Onyx oder anderen zur Chalzedongruppe gehörenden Steinen durchgeführt werden. Bei Hildegard ist nämlich nur der milchig graue oder bläuliche Stein ein »Chalzedon«. Zu den wichtigsten Eigenschaften zählen neben den blutreinigenden und psychisch beruhigenden vor allem die immunstärkenden und kräftigenden Wirkungen. Wenn sie davon spricht, dass der Stein seine Kraft auf das Blut überträgt und vor Krankheiten schützt, ist das die Wirkung, die man heute als immunstärkend bezeichnen würde.

Wer den Chalzedon mit seinem Atem anhaucht und anschließend ableckt, wird nach Hildegard seine Mitmenschen besser von seiner Meinung überzeugen können.

33

Das sollten Sie beachten

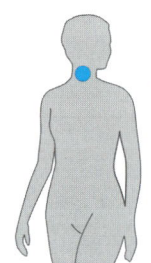

Der Chalzedon verringert auch die Erregbarkeit und schützt den Träger vor Jähzorn und Wut, die einen bei Ungerechtigkeiten oder Beleidigungen überkommen könnten. Sehr interessant ist auch die dritte Wirkung, die Hildegard von Bingen angibt: Mit Hilfe des Chalzedons kann man seine Redegewandtheit verbessern und die richtigen Worte im Gespräch finden. Der Chalzedon baut also Nervosität ab. Für Redner und Sänger oder Schauspieler ist der Chalzedon ein sehr empfehlenswerter Stein, da er nicht zuletzt auch gegen Lampenfieber hilft.

Der Chalzedon steht in enger Verbindung zum Kehlkopfchakra. Er ist den Sternzeichen Krebs und Schütze zugeordnet.

Praxis-Tipp

Der Chalzedon ist als Rohstein, vor allem aber poliert in Form von Scheiben und Handschmeichlern sowie als Anhänger, Armband oder Halskette erhältlich. Es ist günstig, die Steine über Nacht in einem Schälchen mit Hämatit-Trommelsteinen zu entladen und sie einmal im Monat unter fließendem Wasser zu reinigen.

Hier hilft der Stein

Stärkung des Immunsystems, bei Schwäche, Müdigkeit, Kraftlosigkeit und häufig wiederkehrenden Infekten, zur Blutreinigung, bei Jähzorn und cholerischem Temperament

▶ Tragen Sie regelmäßig, vor allem aber tagsüber, einen Chalzedon bei sich und achten Sie dabei darauf, dass der Stein über eine Ader zu liegen kommt. Am günstigsten ist der Bereich der Halsschlagadern (Halskette) oder Pulsadern (Armkette). Daneben gibt es auch die Möglichkeit, einen kleinen Stein mit einem Heftpflaster am Körper zu fixieren.

Erregbarkeit, Nervosität, Lampenfieber, vor Reden und Vorträgen, zur Verbesserung der Kommunikationsfähigkeit, bei Sprachstörungen

▶ Tragen Sie möglichst häufig einen Chalzedon mit sich. Feuchten Sie den Stein bei Bedarf an, indem Sie ihn mit der Zunge ablecken.

Wiederholen Sie diese Anwendung bei Sprachfehlern wie Stottern etc. (auch bei Kindern) mehrmals täglich. Die Besserung tritt normalerweise rasch ein.

Der Chalzedon in der modernen Edelsteintherapie

Die Heilwirkungen des Chalzedons beziehen sich vor allem auf Erkrankungen und Beschwerden im Halsbereich. Der Stein wird heute meist gegen Mandelentzündungen, Heiserkeit und Halsschmerzen empfohlen. Er hilft aber auch bei fiebrigen Erkältungskrankheiten und damit zusammenhängenden Entzündungen. Junge Mütter sollten den Stein tragen, um sich vor Milchdrüsenentzündungen zu schützen (der Chalzedon wird auch als Milchstein bezeichnet). Im psychischen Bereich verhilft der Edelstein zu mehr Selbstbewusstsein und einem selbstsicheren Auftreten. Vor allem auf Menschen, die öffentlich sprechen oder therapeutische Gespräche führen müssen, wirkt er sich sehr beruhigend und zugleich auch inspirierend aus.

Wer häufig unter Halsschmerzen und eitrigen Mandelentzündungen leidet, für den ist möglicherweise der Chalzedon der richtige Stein.

Idealer Stein für Pädagogen

Der Chalzedon ist ein ausgezeichneter Stein für Lehrer/Lehrerinnen und Erzieherinnen, die viel (und laut) reden müssen. Zahlreiche Pädagogen klagen über erhebliche Halsschmerzen und häufige Stimmbänderentzündungen, weil sie sich angesichts immer größer werdender Klassen stimmlich zunehmend überfordert sehen. Außerdem haben viele von ihnen nicht gelernt, den Klang ihrer Stimme richtig einzusetzen. Hinzu kommt, dass die Stimme ein Organ ist, in dem sich die seelische Verfassung sehr stark widerspiegelt. Hier kann der Chalzedon ausgleichend und harmonisierend wirken. Wer beispielsweise vor öffentlichen Auftritten Lampenfieber verspürt, dem ist mit dem Chalzedon gedient.

Der Chalzedon verhilft zu selbstsicherem Auftreten.

Der Chrysolith galt in der Antike als heiliger Schutzstein. Hildegard empfiehlt den Stein gegen fieberhafte Erkrankungen und gegen Herzschmerzen.

CHRYSOLITH (OLIVIN, PERIDOT)

Daten und Fakten

MINERALOGISCHE EIGENSCHAFTEN: Der Chrysolith wird auch als Olivin oder Peridot bezeichnet. Bei dem Edelstein handelt es sich um ein Magnesium-Eisen-Silikat, das ins rhombische Kristallsystem gehört und für gewöhnlich in Form körniger Massen auftritt. Die abgerundeten, durchscheinenden Chrysolithe übersteigen selten die Größe einer Fingerkuppe und entstehen in metamorphen oder basisch magmatischen Gesteinen.

CHEMISCHE ZUSAMMENSETZUNG: $(Mg, Fe)_2[SiO_4]$

HÄRTE: 6,5 bis 7

FARBE: gelb- bis dunkelgrün, manchmal auch bräunlich, grau oder sogar farblos

FUNDORTE: Kanarische Inseln (Lanzarote), GUS-Staaten, Arizona, New Mexico, Burma, am Vesuv und in der Eifel.

Geschichte

Der Name dieses Steines stammt aus dem Griechischen und bedeutet »Goldstein«. Er ist durchscheinend gelblich grün, gegen das Licht betrachtet kann er allerdings auch fast golden glänzen. Der auch als »Olivin« oder unter der altfranzösischen Bezeichnung »Peridot« bekannte Edelstein wird schon seit vielen tausend Jahren als heiliger Stein, aber auch als Schmuckstein verehrt. In der Antike lagen die ersten Fundgebiete auf der Vulkaninsel Zebirget im Roten Meer. Die Kreuzfahrer sorgten in späterer Zeit dafür, dass sich der Stein von hier aus über ganz Europa verteilen konnte. Bei den Römern und Griechen wurde der Chrysolith als Schutzstein gegen böse Geister getragen. Selbst Moses soll den Chrysolith der Überlieferung nach in seinem Brustpanzer getragen haben, um sich zu schützen, als er das Volk Israel aus der Knechtschaft in Ägypten herausführte. Bei dieser Wüstenwanderung wurden die Israeliten mehrmals durch das wunderbare Eingreifen Jahwes vor Schaden bewahrt.

Hildegard über den Chrysolith

 Der Chrysolith erwächst aus der Sonnenhitze und der Feuchtigkeit der Luft nach der Mittagszeit bis zur neunten Tagesstunde, und in sich trägt er eine Art Lebensenergie, so dass ein neugeborener Vogel oder ein neugeborenes Raubtier, wenn ein Chrysolith bei ihnen liegen würde, so sehr von seiner Energie gestärkt wären, dass sie schon vor ihrer Zeit zu laufen begännen.

▶ Wenn aber ein Mensch unter Fieber leidet, so wärme er Wein auf, und über den aufsteigenden Dampf halte er einen Chrysolith, so dass das Ausgeschwitzte [der Beschlag] des Steines sich mit dem Wein vermische. Diesen Wein trinke er warm und lege ihn auch für eine kurze Stunde in seinen Mund hinein. Das soll er oft tun, so wird er erleichtert werden. Wer aber an Herzschmerzen leidet, der tauche den Stein in Olivenöl ein, und mit dem eingetauchten Stein bestreiche er die schmerzende Stelle, so wird es ihm besser gehen.

▶ Und dieser Stein erhöht die Erkenntnis im Menschen, der ihn bei sich tragen soll. Wer über großes Wissen und gute Kunst verfügt, der soll den Chrysolith auf sein Herz auflegen, denn solange er dort ruht, bleiben sein Wissen und seine Kunstfertigkeit erhalten. Denn der Chrysolith bezieht seine Energien aus den sieben Stunden des Tages und entfaltet sie auch in diesen. Doch auch die Luftgeister lassen sich durch diesen Stein einigermaßen gut verscheuchen. (*Physica,* Buch 4;9)

Nach Hildegard hilft es bei Herzschmerzen, den Chrysolith in Olivenöl zu tauchen und mit dem eingetauchten Stein über die schmerzende Stelle zu streichen.

Anwendung nach Hildegard

Hildegard empfiehlt den Chrysolith bei fieberhaften Erkrankungen und Herzbeschwerden, insbesondere bei Herzschmerzen. Hierbei sind »Herzschmerzen« sicher nicht nur im körperlichen, sondern auch im übertragenen Sinne aufzufassen. Erstens sind Hildegards Aussagen nie absolut wörtlich zu nehmen, zweitens sprechen auch viele Erfahrungsberichte moderner Edelsteintherapeuten dafür, dass der Chrysolith negative Gefühle wie Trauer und Einsamkeit ausgleichen kann und besonders Menschen hilft, die ein »gebrochenes« Herz haben.

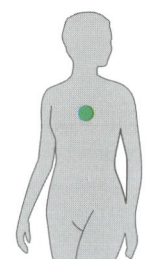

Der Chrysolith aktiviert das Herzchakra. Er ist dem Sternzeichen Krebs zugeordnet.

Das sollten Sie beachten

Was die geistig-seelische Ebene betrifft, so empfiehlt die Heilige Hildegard den Chrysolith, um die Erkenntnis beziehungsweise das tiefere Wissen, aber auch die künstlerische Ausdruckskraft und Kreativität zu fördern. Bei ihrer Beschreibung des Steins erwähnt Hildegard noch eine interessante Eigenschaft: Er soll die Entwicklung fördern. Sie sagt, dass ein neugeborenes Tier, neben dem ein Chrysolith läge, frühzeitig zu Laufen beginnen würde. Es ist daher anzunehmen, dass sich auch Säuglinge oder sogar ältere Kinder mit Hilfe eines Chrysolith besser und gesünder entwickeln werden.

Praxis-Tipp

Für die Hildegard-Anwendungen eignet sich ein geschliffener Schmuckstein am besten. Wenn Sie den Chrysolith auf der Haut tragen, so sollte er immer in Höhe des Herzens aufliegen. Chrysolithe sollten regelmäßig, am besten alle paar Tage, unter fließendem Wasser entladen werden.

Hier hilft der Stein

Fieber, fieberhafte Erkältungskrankheiten

▶ Bei Fieber erhitzen Sie etwa 150 Milliliter Wein und halten einen Chrysolith kurz über den Dampf, bis das Kondenswasser, das sich an ihm niederschlägt, zurück in den Wein tropft. Trinken Sie anschließend den warmen Wein und nehmen Sie außerdem den Stein eine Weile in den Mund. Wiederholen Sie diese Behandlung mehrmals täglich, bis das Fieber verschwindet.

Herzschmerzen, Herzbeschwerden, auch bei Trauer und depressiven Verstimmungen

▶ Tauchen Sie den Chrysolith in kaltgepresstes Olivenöl ein und reiben Sie dann mit dem Stein mehrere Male sanft über die Herzgegend, vor allem im Bereich der schmerzenden Stellen.

Wiederholen Sie diese Anwendung zwei- bis dreimal. Nach einiger Zeit weicht das schlechte Gefühl einer positiven Stimmung.

Zur Steigerung von Konzentration, Erkenntnisvermögen und Kreativität, zur Förderung der Entwicklung von Körper, Seele und Geist (vor allem bei Kleinkindern!), bei Wetterfühligkeit

▶ Tragen Sie einen Chrysolith an einer langen Halskette auf der Haut, so dass der Stein in der Höhe des Herzens aufliegt. Da der Stein laut Hildegard seine größte Wirkung tagsüber entfaltet, ist es weder nötig noch sinnvoll, ihn auch in der Nacht zu tragen.

Der Chrysolith in der modernen Edelsteintherapie

Heute wird der Chrysolith beziehungsweise Olivin oft eingesetzt, um Herz und Lunge zu stärken oder Erkrankungen im Brustbereich zu behandeln. Der Stein aktiviert die Funktion der Thymusdrüse. Er unterstützt die Entwicklung von Kindern und Jugendlichen, stärkt zugleich aber auch das körpereigene Abwehrsystem. Darüber hinaus wird der Edelstein auch angewendet, um Pickel, Akne, Herpes, Windpocken und Gürtelrose zu bekämpfen. Auf der seelischen Ebene hilft der Stein, Trauer, depressive Verstimmungen, aber auch Neid und Eifersucht abzubauen und schließlich verleiht er dem Träger neue, positive Lebensenergie. Diese positive Schwingung ist besonders für solche Menschen wichtig, die häufig von negativen Emotionen heimgesucht werden. Hier spielen vor allem Neid und Eifersucht eine wichtige Rolle. Schon der Volksmund sagt: »Eifersucht ist eine Sucht, die mit Eifer sucht, was Leiden schafft.« Negative Gefühle im Übermaß und über einen langen Zeitraum bringen uns nicht weiter, sondern führen von dem weg, was wir sein sollen. Darüber hinaus machen sie anfälliger für Krankheiten, weil sie viel Energie kosten und dadurch auf lange Sicht das Immunsystem schwächen können.

Edelsteintherapeuten sind davon überzeugt, dass der Chrysolith die Funktion der Thymusdrüse aktiviert und damit sekundär das Immunsystem kräftigt.

Der Chrysolith verleiht eine positive Grundstimmung.

Der Chrysopras wurde im Mittelalter als magischer Stein verehrt. Hildegard empfiehlt ihn gegen Gelenkerkrankungen und negative Gedanken.

CHRYSOPRAS

Daten und Fakten

MINERALOGISCHE EIGENSCHAFTEN: Der Chrysopras gehört zur Gruppe der Chalzedone. Der mikrokristalline Quarz wächst in Verwitterungslagerstätten in Spalten.

CHEMISCHE ZUSAMMENSETZUNG: SiO_2

EINLAGERUNG: Ni

HÄRTE: 6,5 bis 7

FARBE: apfelgrün bis türkis und oft leicht durchscheinend

FUNDORTE: Australien, Brasilien, Südafrika, Indien und Schlesien.

Geschichte

Schon die alten Ägypter setzten den Stein zu Heilzwecken ein. Im Griechischen heißt Chrysopras so viel wie »Goldhauch«, und sein Wert entsprach tatsächlich dem des Goldes. Im Mittelalter wurde er als magischer Stein verehrt, der seinen Träger vor Krankheiten und Depressionen schützen und ihm eine glückliche Ehe bescheren sollte.

Hildegard über den Chrysopras

Der Chrysopras wächst zu jener Stunde, da die Sonne schon ganz untergeht und Luft und Wasser schon eine trübe, grünliche Färbung haben. Deshalb hat der Stein seine Kraft in der Nacht, wenn der Mond durch die Sonne sehr kräftig ist, also bei Halb- und nicht bei Vollmond. Er hat aber auch viel Energie aus der milden und gleichmäßigen Wärme, denn er ist nicht zu warm, sondern lau. So beschreibt Hildegard den Chrysopras.

▶ Wenn ein Mensch an einem seiner Glieder von der Gicht befallen ist, lege er den Chrysopras auf seine bloße Haut, so wird die Gicht weichen.

▶ Wenn aber jemand sehr wütend ist, halte [er] so lange einen Chrysopras an die Kehle, bis er aufgewärmt ist und die wütenden Worte nicht mehr hervorgebracht werden können, bis die Wut verschwunden ist.

▶ Wenn der Stein an irgendeine Stelle gebracht wird, wo tödliches Gift ist, verliert dieses seine Wirkung, so dass es schwach wie Wasser wird, das heißt kraftlos, und sich seine Giftwirkung verliert und es somit weniger Schaden anrichten wird.

▶ Ein Mensch, der an der fallenden Sucht leidet, soll immer einen Chrysopras bei sich tragen, so wird diese nächtliche Krankheit, nämlich die Epilepsie, ihn weniger quälen, weil die Luftgeister dann kein Spiel mit ihm treiben können, durch das der Kranke gezwungen ist, unter Schmerzen Schaum aus seinem Munde auszuwerfen.

▶ Ist aber ein Mensch vom Teufel besessen, so sollst du etwas Wasser [über den Chrysopras] gießen und dabei sprechen. »Oh Wasser, hiermit gieße ich dich über den Stein mit derselben Macht, mit der Gott die Sonne mit dem laufenden Mond erschuf.« Und dieses Wasser sollst du dem Besessenen, so weit es dir möglich ist, zu trinken geben, denn er wird sich weigern, es zu trinken. An diesem ganzen Tag wird der Teufel in ihm gequält werden, so dass er schwächer wird und seine Kräfte in ihm nicht mehr so wirken können, wie zuvor. Am fünften Tag jedoch sollst du aus dem über den Stein [gegossenen] Wasser ein dünnes Törtchen wie Dörrbrot backen und es ihm, wie immer du kannst, zu essen geben. Und wenn der Luftdämon nicht bösartig ist, wird er von diesem weichen ... (*Physica,* Buch 4;13)

Nach Hildegard hilft das Wasser des Chrysopras gegen »Besessenheit« – heute würde man Psychose oder Schizophrenie dazu sagen.

Anwendung nach Hildegard

Hildegard kennt eine ganze Reihe von Heilanzeigen für diesen Edelstein: Er hilft gegen Gicht, gegen Zornausbrüche, gegen Gift, gegen Besessenheit und sogar gegen Epilepsie. Mit Gicht meint Hildegard allerdings weniger die Krankheit, die die heutige Medizin darunter versteht, als vielmehr sämtliche rheumatische Beschwerden und sogar leichte Lähmungen.

Der Chrysopras soll auch gegen »tödliches Gift« helfen. Bevor Sie sich jedoch auf ein gefährliches Experiment einlassen, sollten Sie bedenken, dass Hildegard nicht unbedingt richtiges Gift meint! Insgesamt wirken die Edelsteine ja besonders stark auf die Seele, vor allem gegen negative Gefühle. Es ist also durchaus anzunehmen, dass die Heilige Hildegard von Bingen mit Gift dasjenige Gift meint, das in uns selbst seinen Ursprung hat: Eifersucht, Gier und Neid vergiften unser Denken und Fühlen. Dieses Gift können wir mit dem Chrysopras neutralisieren. Bei jeder akuten Vergiftungserscheinung durch richtige Gifte ist selbstverständlich schnellstens ein Arzt aufzusuchen. Als unterstützende Maßnahme kann der Chrysopras jedoch auch körperliche Entgiftungsprozesse durchaus fördern.

Das sollten Sie beachten

Mit »Besessenheit« meint Hildegard übrigens das, was die Ärzte heute als Psychose oder Schizophrenie bezeichnen. Früher nahm man an, dass die Besessenheit durch Dämonen verursacht würde, die von einem Menschen Besitz ergreifen, heute neigt man eher dazu, die Symptome Stoffwechselstörungen des Gehirns zuzuschreiben – ein Hinweis auf eine verwandte Sichtweise findet sich bei Hildegard, wenn sie davon spricht, dass »schlecht temperierte Säfte« für diese Krankheit verantwortlich seien. Wichtig ist aber vor allem, dass der Chrysopras laut Hildegard auch bei solchen schweren Problemen durchaus Linderung verschaffen kann.

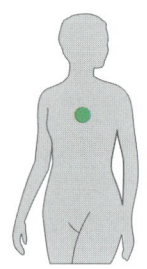

Der Edelstein steht mit dem Herzchakra in Verbindung und ist dem Sternzeichen Krebs zugeordnet.

Praxis-Tipp

Der Chrysopras ist in vielerlei Formen im Handel erhältlich. Sie können ihn als Trommelstein für die Hand, als geschliffenen Schmuck oder als Rohstein zum Aufstellen kaufen. Um den Stein bei sich zu tragen, eignen sich Ketten oder Anhänger besonders gut.

Hier hilft der Stein

Gicht, Rheuma, Arthritis, Arthrose, Gelenkbeschwerden, Schwellungen, Bewegungseinschränkungen
▶ Fixieren Sie einen Chrysopras auf dem schmerzenden Körperglied, wozu Sie am besten eine elastische Binde verwenden. Kleine Steine können Sie auch jederzeit mit einem Heftpflaster befestigen.

Wichtig ist jedoch, dass der Stein direkt auf der Haut getragen wird. Führen Sie diese Anwendung vor allem nachts durch, da der Chrysopras seine Heilwirkungen in dieser Zeit besonders gut entfaltet.

Zornausbrüche, Streitsucht, cholerisches Temperament

▶ Tragen Sie stets einen Chrysopras bei sich. Sobald Sie besonders gereizt sind oder Angst haben, »aus der Haut zu fahren«, sollten Sie sich den Chrysopras vorsichtig an die Kehle (etwa in Höhe des Kehlkopfs) halten, bis der Stein sich durch die Körpertemperatur erwärmt. Wiederholen Sie die Anwendung bei Bedarf.

»Giftige« Gedanken und negative Gefühle wie Angst, Hass, Neid, Habgier und Eifersucht

▶ Tragen Sie regelmäßig einen Chrysopras auf der Haut, am besten nachts, da die harmonisierenden Wirkungen dann besonders stark sind.

Der Chrysopras verbessert die Funktion der männlichen und weiblichen Fortpflanzungsorgane und steigert die sexuelle Erlebnisfähigkeit.

Der Chrysopras in der modernen Edelsteintherapie

Besonders wirksam sind die australischen und schlesischen Steine. Sie gelten als blutreinigend und blutdrucksenkend, helfen bei Herzerkrankungen und beugen Übergewicht vor.

Zwischen Schulmedizinern ist vielfach umstritten, ob Übergewicht an sich schon eine Krankheit ist oder nicht. Tatsache ist aber, dass es in jedem Fall eine Gefahr für die Gesundheit darstellt, da es in besonderem Maße das Auftreten von so genannten Zivilisationsschäden wie Arteriosklerose, hohen Blutdruck und Herzinfarkt begünstigt. Wer den grünlichen Chrysopras auf der Haut trägt, hat beste Voraussetzungen, kein Übergewicht zu bekommen. Auch bei sexuellen Problemen und Erkrankungen der Geschlechtsorgane ist der Chrysopras der Stein der Wahl. Wichtig ist allerdings, dass Sie den Stein ausreichend lange auf sich wirken lassen, um in den vollen Genuss der positiven Schwingung zu kommen.

Die Wirkung des Chrysopras ist nachts besonders intensiv.

Der Diamant galt in der Antike als Symbol von Ewigkeit, Licht und Erleuchtung. Hildegard empfiehlt ihn gegen Jähzorn, Hartherzigkeit und Arteriosklerose.

DIAMANT

Daten und Fakten

MINERALOGISCHE EIGENSCHAFTEN: Diamanten bestehen aus reinem Kohlenstoff und kristallisieren im kubischen System. Sie kommen vor allem in Form von Oktaedern, Dodekaedern und Würfeln vor, wobei sie bei Temperaturen von teilweise über 1200 °C in großer Tiefe kristallisieren. Diamanten sind die härtesten aller Edelsteine.

CHEMISCHE ZUSAMMENSETZUNG: C

HÄRTE: 10

FARBE: weiß, gelblich, durchsichtig

FUNDORTE: Neben den berühmtesten Fundstellen in Kimberley (Afrika) gibt es auch noch brasilianische, australische und sibirische Diamantenminen, die aber längst nicht so ergiebig sind.

Geschichte

Der härteste aller Edelsteine, um den sich zahlreiche Geschichten ranken, erhielt seinen Namen aus dem Griechischen: Diamant bedeutet so viel wie »der Unbezwingliche«. Im Altertum galt der Stein als ein Symbol für die Ewigkeit, die Reinheit, das Licht und die Erleuchtung. Auch innerhalb der mittelalterlichen Mystik wurde der Diamant – der »göttliche Glanz auf Erden« – oft verehrt.

Hildegard über den Diamanten

Der Diamant ist warm und wird aus den südlichen Bergen geboren, die geschichtet und glasklar wie gewisse Kristalle sind, und aus dieser Masse erhebt sich manchmal eine Art Kern wie ein sehr starkes Herz. Und da [der Diamant] schon bevor er angewachsen ist, stark und hart ist, wird der Lehm dieses Berges an der Stelle gespalten, wo der Diamant liegt. Und so fällt er, sobald er in etwa die Form und die Größe eines Kieselsteins hat, ins Wasser. An diesen Stellen ist der Lehm dann schwächer als zuvor. Wenn später Überschwemmungen der Flüsse auftreten, wird dieser Stein in andere Gegenden getragen. So lautet die Beschreibung der Heiligen Hildegard.

▶ Es gibt manche Menschen, die aus sich heraus und durch teuflische Einflüsse böswillig sind und darum gerne schweigen. Wenn sie jedoch sprechen, ist ihr Blick bohrend und sie geraten manchmal außer sich, als wären sie vom Wahnsinn erfüllt, kommen aber auch schnell wieder zu sich. Diese sollten oft oder möglichst immer einen Diamanten in den Mund nehmen, denn seine Kraft ist so stark, dass er das Böse und Bösartige im Menschen auslöscht.

▶ Wer aber wahnsinnig, verlogen und jähzornig ist, soll diesen Stein sozusagen stets im Mund behalten, und die Energie des Steins wird die Übel von ihm abwenden.

▶ Und wem es schwer fällt, nüchtern zu bleiben, der soll diesen Stein in den Mund nehmen, so wird der Hunger gemindert, damit er umso länger fasten kann.

▶ Wer von der Gicht geplagt ist oder einen Schlaganfall hatte, das ist die Krankheit, die eine Körperhälfte betrifft, so dass er [der Kranke] sich nicht bewegen kann, soll einen Diamanten einen Tag lang in Wein oder Wasser legen und [die Flüssigkeit] trinken, so wird die Gicht weichen, auch wenn sie so stark ist, dass seine Glieder zerbrechlich geworden sind, und auch der Schlaganfall wird schwächer werden.

▶ Doch auch Gelbsüchtige sollen den Stein in Wein oder Wasser legen und die Flüssigkeit trinken, auf dass sie geheilt werden ...

▶ Und der Teufel ist diesem Stein feindlich gesonnen, da er [der Stein] seiner [des Teufels] Macht widersteht, so fürchtet der Teufel ihn Tag und Nacht. (*Physica,* Buch 4;17)

Nach Hildegard sollen Personen, die schnell aufbrausen, immer einen Diamanten im Mund behalten – dann werden sie von der positiven Energie des Steines beruhigt werden.

Anwendung nach Hildegard

Hildegard nennt einige sehr interessante Heilanzeigen des Diamants: So soll er unter anderem gegen boshaftes Schweigen, Verlust der Beherrschung, hartherzige Gesinnung, Fanatismus, Jähzorn, Hungergefühl, Schlaganfall, Arteriosklerose, Gicht und Gelbsucht helfen.

Die ersten drei Indikationen beziehen sich auf Menschen, die zur Hartherzigkeit neigen, wenig sprechen, dann aber bei gewissen Anlässen

»wie wahnsinnig werden«. Dass der beschriebene Wechsel zwischen diesen beiden Zuständen sich auch auf manisch-depressive Menschen bezieht, ist anzunehmen. Ferner nennt Hildegard Fanatismus (Wahnsinn), Verlogenheit und Jähzorn in einem Atemzug. Und dies zu Recht: Fanatikern fehlt der Blick für das rechte Maß. Sie werden sich selbst und anderen etwas vorlügen, wenn es darum geht, ihre Meinungen zu verteidigen, und jähzornig werden, wenn andere diese angreifen.

Das sollten Sie beachten

Die Wirkung des Diamants gegen das Hungergefühl ist natürlich eine hervorragende Hilfe für alle, die fasten wollen. Als weitere interessante Einsatzgebiete des Diamants nennt Hildegard Gicht, Schlaganfall (Nachbehandlung) und die Gelbsucht, die ja keine Krankheit, sondern ein Symptom ist, das beispielsweise durch Hepatitis, aber auch durch andere Störungen der Leber-Galle-Funktion, verursacht wird.

Hildegards letzter Absatz weist auf die Wirkungen des Diamants gegen den Teufel und somit auf die Macht dieses Steins hin, wenn es darum geht, negativen Einflüssen und unglückseligen Manipulationen von außen zu widerstehen.

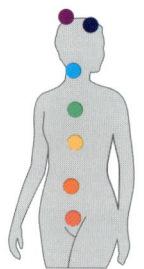

Der Diamant aktiviert alle Chakras, hängt aber besonders mit dem Stirnchakra zusammen. Er ist der Glücksstein der Löwe-Geborenen.

Praxis-Tipp

Diamanten sind die teuersten Steine. Die geschliffenen Diamanten werden als Brillanten bezeichnet. Für die Hildegard-Anwendungen genügt ein kleiner Rohstein.

Hier hilft der Stein

Fanatismus, Hartherzigkeit, manisch-depressive Phasen

▶ Es genügt, den Stein in den Mund zu nehmen. Man sollte ihn aber nicht hinunterschlucken. Die Wirkungen entfalten sich laut Hildegard umso besser, je länger der Stein im Mund behalten wird. Am einfachsten ist es, einen kleinen Rohstein in die Backentasche zu legen. Um das recht kostspielige und zudem gefährliche Hinunterschlucken zu vermeiden, sollten Sie ihn während der Mahlzeiten sowie nachts unbedingt aus dem Mund nehmen.

Hungergefühl, zur Unterstützung von Fastenkuren und von Alkohol-, Nikotin- und Drogenentzug

▶ Der Diamant soll, wie oben beschrieben, im Mund behalten werden.

Gicht, rheumatische Beschwerden, Schlaganfall (Nachbehandlung) und Gelbsucht

▶ Legen Sie einen kleinen Diamanten in ein mittelgroßes Glas, das Sie mit Wein oder Wasser füllen. Lassen Sie die Energien des Diamants einen Tag lang auf die Flüssigkeit wirken und nehmen Sie das Getränk dann über den (nächsten) Tag verteilt zu sich. Damit sich die Energie des Diamants voll entfalten kann, sollten Sie diese Anwendung über einen längeren Zeitraum wiederholen.

Der Diamant in der modernen Edelsteintherapie

Neben der Anwendung in der Hildegard-Medizin werden Diamanten heute vor allem von naturheilkundigen Therapeuten gegen Stress und Erschöpfung, aber auch bei geistigen Störungen und körperlichen oder geistigen Verunreinigungen eingesetzt. Immer mehr Menschen sind in unserer hektischen Zeit von dem chronischen Müdigkeits- oder Erschöpfungssyndrom (»chronical fatigue syndrome«) betroffen – eine Krankheit, die früher praktisch unbekannt war. Erschöpfung lässt sich jedoch nur auf naturgerechte Weise lösen, nie gegen die Natur. Das Wichtigste ist, den Forderungen des vegetativen Nervensystems nachzugeben und sich ausreichend Ruhe zu gönnen, zu entspannen und dem Körper die Möglichkeit zu geben, sich zu erholen. Grundverkehrt ist das Einnehmen von Aufputschmitteln. Am häufigsten missbraucht wird das Koffein, selbst von Cola-Getränken kann man bei Dauergebrauch abhängig werden. Der Diamant beschleunigt die Erholung nach Erschöpfungszuständen.

Nach der Überzeugung vieler Steintherapeuten besitzt der Diamant die größte Heilkraft. Er wirkt gegen negative Affekte und fördert die körperliche und seelische Regeneration.

Der Diamant hilft bei manisch-depressiven Phasen.

Der Hyazinth galt früher als »Stein des Volkes«. Hildegard empfiehlt ihn gegen Sinnestäuschungen, Verwirrung und Herzschmerzen.

HYAZINTH (ZIRKON)

Daten und Fakten

MINERALOGISCHE EIGENSCHAFTEN: Hyazinthe entstehen vorwiegend in magmatischen und eruptiven Gesteinen. Der Stein bildet ein tetragonales Kristallsystem.

CHEMISCHE ZUSAMMENSETZUNG: $Zr[SiO_4]$

HÄRTE: 6 bis 7

FARBE: gelblich bis rötlich oder rotbraun

FUNDORTE: Brasilien, Australien, USA, Kanada, Indien und Sri Lanka.

Geschichte

Im Altertum galt der Hyazinth (»Hyakinthos«), der als einer der Grundsteine des neuen Jerusalem galt, als fast ebenso wertvoll wie der Diamant. Auch die Griechen und Römer verehrten den Hyazinth als besonders wertvollen Stein, der sowohl als Schmuckstein wie auch zu Heilzwecken benutzt wurde. Da er im Gegensatz zum Diamanten erschwinglicher war, hieß er später auch »Stein des Volkes«. Schon die alten Griechen waren überzeugt, dass der Hyazinth gegen Sinnestäuschungen und Herzschmerzen hilft.

Hildegard über den Hyazinth

Der Hyazinth entspringt dem Feuer in der ersten Tagesstunde, wenn die Luft lauwarm ist. Und er ist eher luftig als feurig, daher spürt er auch die Luft und seine Wärme ist der Luft gemäß. Dennoch ist er auch feurig, da er vom Feuer kommt.

▶ Wenn ein Mensch an Augenverdunkelung leidet oder seine Augen trübe oder geschwürig sind, halte er einen Hyazinth in die Sonne, und jener besinnt sich auf seinen Ursprung, das Feuer, und wärmt sich schnell auf. Sofort befeuchte man ihn dann ein wenig mit Speichel und lege ihn so auf die Augen, dass sie warm werden, und das mache man oft, so werden die Augen aufgehellt und geheilt.

▶ Wird jemand durch Trugbilder oder Zauberworte so sehr beeinflusst, dass sein Verstand in Gefahr ist, dann schneide das Zeichen des Kreuzes in die Kruste eines warmen Roggenbrotes, ohne es dabei ganz durchzuschneiden. Dann fahre mit dem Stein am Schnitt entlang abwärts und sprich: »Gott, der dem Teufel die ganze Herrlichkeit der Edelsteine nahm, als dieser dessen Gebot brach, nehme von dir alle Trugbilder und Zauberworte und löse den Schmerz der Verwirrung.« Und während du nochmals mit dem Stein quer über das Brot ziehst, sprich: »So wie der Glanz dem Teufel wegen seiner Übertretung genommen wurde, werde auch die Verwirrung der Sinne, die dich durch viele Trugbilder und Verzauberung quält, von dir genommen und falle ab.« Gib dann das Brot mit dem Einschnitt, durch den du den Hyazinth gezogen hast, dem Leidenden zu essen. Wenn er aber ob seiner Schwäche kein Roggenbrot verträgt, dann segne trockenes, ungesäuertes Fladenbrot, also Dörrbrot, mit dem Hyazinth und den genannten Worten und reiche es ihm zu essen. Ziehe den Stein aber auch durch alle warmen Speisen, die er essen will, also Fleischspeisen, Brei und die anderen Speisen, und segne sie mit dem Zeichen des Kreuzes, während du die Worte sprichst. Und tue dies oft, und er wird geheilt.

▶ Wenn aber jemand Herzschmerzen hat, so soll er mit dem Hyazinth das Zeichen des Kreuzes über sein Herz machen und die genannten Worte sprechen, so wird er Erleichterung finden. (*Physica*, Buch 4;2)

Anwendung nach Hildegard

Hildegard nennt den Hyazinth als Heilmittel gegen folgende Probleme: Schwierigkeiten mit den Augen, Verwirrung, Sinnestäuschungen und Herzweh. Was die Augenprobleme betrifft, so verwendet Hildegard wie schon beim Bergkristall das Wort caligo, »Verdunkelung«. Es geht hier sicher um mehr als nur um rein physische Sehprobleme. Gerade im Zusammenhang mit anderen Wirkungen des Hyazinths können wir vermuten, dass mit den »Sehproblemen« eher Sinnestäuschungen gemeint sind. So kann der Hyazinth dazu beitragen, die Dinge wieder auf die richtige Art und Weise zu sehen und der Wirklichkeit ins Auge zu blicken.

Nach Hildegard hilft der Hyazinth gegen »Verwirrung« – vorausgesetzt, man gibt dem Kranken ein Stück Brot zu essen, in dessen Kruste man zuvor mit dem Stein das Kreuzzeichen eingeritzt hat.

Die Indikation »gegen Trugbilder und Zauberworte« kann natürlich vieles meinen: Geisteskrankheiten, Verführung durch schlechte Menschen, der Irrglaube, mit Drogen, Geld oder materiellen Gütern glücklich werden zu können oder die Flucht in Phantasiewelten.

Mit »Herzschmerzen« sind wiederum sicher nicht nur organische Herzschmerzen gemeint, sondern auch die Schmerzen, die durch Gefühle der Trauer verursacht werden.

Praxis-Tipp

Verwenden Sie den Hyazinth für Heilzwecke entweder in Form eines naturgewachsenen Kristalls oder als Rohstein. Hyazinthe sind normalerweise sehr klein, doch auch kleinste Steine besitzen eine große Heilkraft. Entladen Sie den Stein einmal monatlich unter fließendem Wasser.

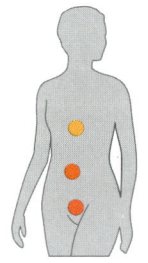

Der Hyazinth beeinflusst die unteren Chakras, vor allem Wurzel- und Sakralchakra, und hängt mit dem Sternzeichen Widder zusammen.

Hier hilft der Stein

Sehschwierigkeiten, Augenerkrankungen, Fehlsichtigkeit, Allergien, Bindehautentzündungen, aber auch einseitige Sichtweise

▶ Erwärmen Sie zwei kleine Steine an der Sonne, befeuchten Sie sie dann mit ein wenig Speichel und legen Sie die Hyazinthe anschließend sofort auf die Augen. Lassen Sie die Energie der Steine mindestens 15 Minuten lang auf die Augen wirken. Diese Behandlung muss mehrmals wiederholt werden.

Geistige Verwirrung, Halluzinationen, bei mangelndem Realitätsbezug, Sinnestäuschungen und Drogenabhängigkeit, auch als Schutz vor negativer Manipulation

▶ Um positive Veränderungen im psychisch-geistigen Bereich zu erzielen, sollten Sie sich genau an die Anweisungen halten, die weiter oben in Hildegards Text enthalten sind. Wenn Sie das Brot mit dem Hyazinth segnen, indem Sie das Zeichen des Kreuzes machen, sollten Sie sich bewusst sein, dass es sich hierbei um ein Heilritual handelt. Das Ritual enthält auch einen Spruch, der wie ein »Zauberspruch« anmuten mag, im Grunde jedoch ein Gebet für den Leidenden ist. Wenn Sie jemanden behandeln, der Gebeten gegenüber skeptisch oder ablehnend reagiert, sollten Sie die von Hildegard genannten Worte innerlich sprechen, während Sie das Zeichen des Kreuzes machen.

Herzschmerzen, Herzbeschwerden, Trauer

▶ Die Anwendung erfolgt wie soeben beschrieben; das Kreuzzeichen wird aber hier nicht über einem Nahrungsmittel, wie bei der vorherigen Anwendung, sondern über dem Herzen gezogen, wobei der Stein die Haut sanft berühren sollte.

Der Hyazinth in der modernen Edelsteintherapie

Heutige Lithotherapeuten setzen den Hyazinth gegen Lungenerkrankungen, Asthma, Allergien und Darmstörungen ein. Im seelischen Bereich vertreibt der Stein Trübsinn und Melancholie und bereitet den Menschen auf neue Lebensabschnitte vor. Wann immer neue Situationen wie Berufs-, Partner- oder Ortswechsel zu bewältigen sind, sollte der Hyazinth auf der Haut getragen werden.

Viele Menschen haben eine geradezu panische Angst davor, sich einer neuen Aufgabe oder Herausforderung zu stellen oder sich nach einer längeren Phase des Alleinseins auf einen neuen Partner einzulassen. Dies ist durchaus sehr gut verständlich, denn Veränderungen bringen bekanntlich in vielen Fällen seelischen Schmerz mit sich, der oft nicht leicht zu ertragen ist. Zudem ist diese Furcht in unserer menschlichen Natur begründet, die uns davor schützen will, uns zu überfordern. Allerdings bedeutet Leben immer Veränderung, nie Stillstand. Wachsen und reifen kann letztlich nur, wer bereit ist, sich voll Vertrauen auf Neues, bislang Unbekanntes einzulassen. Der Hyazinth hilft dabei, indem er melancholische Gedanken gar nicht erst zulässt und so die positiven Energien bündelt.

Wer vor einem Neuanfang steht oder Angst vor einschneidenden Veränderungen in seinem Leben hat, sollte sich an den Hyazinth halten.

Der Hyazinth vertreibt Trübsinn und Melancholie.

Der Jaspis galt bei den alten Indern als Heil- und Regenstein. Hildegard empfiehlt ihn gegen Schwerhörigkeit, Erkältungen, rheumatische Beschwerden und Herzschmerzen.

JASPIS

Daten und Fakten

MINERALOGISCHE EIGENSCHAFTEN: Der Jaspis gehört zur Gruppe der Quarze. Er kristallisiert in trigonalen Aggregaten. Seine typische Farbe entsteht durch Mangan- oder Eiseneinlagerungen.

CHEMISCHE ZUSAMMENSETZUNG: SiO_2

EINLAGERUNGEN: Fe, Fe_2O_3, Cl, OH, Mg, Al

HÄRTE: 7

FARBE: gelb, rot, bräunlich oder durchsichtig

FUNDORTE: Indien, Mexiko (gelber Jaspis), Schwarzwald, bei Idar-Oberstein, Ägypten, Afrika, USA, Australien, Brasilien (roter Jaspis).

Geschichte

Der Jaspis ist ein Stein mit großer Heilkraft, der schon im Altertum hoch geschätzt wurde. In der Offenbarung des Johannes erscheint er an mehreren Stellen als »alleredelster Stein« und erster Grundstein der goldenen Stadt. Doch auch bei den alten Indern wurde der Jaspis als Heil- und Regenstein verehrt. Während die Ägypter und die alten Griechen den Jaspis vor allem als Aphrodisiakum und Liebesstein verehrten, trugen ihn die Römer als Schutzstein bei sich.

Hildegard über den Jaspis

Der Jaspis wächst nach der neunten Tagesstunde kurz vor Sonnenuntergang. Er wird vom Feuer der Sonne gewärmt, doch seine Wärme ist eher von der Luft als vom Wasser oder vom Feuer. Und deshalb ist seine Wärme gemischt, weil die Sonnenwärme durch Umwölkung nach der neunten Tagesstunde oft bereits schon mannigfach erscheint.

▶ Wenn jemand an seinem Ohr ertaubt ist, soll er einen Jaspis an den Mund halten und ihn mit seinem warmen Atem anhauchen, damit er so gewärmt und feucht werde. Dann stecke er diesen Stein sogleich ins Ohr und lege darüber zartes Werg und verschließe das Ohr auf diese

Weise, damit die Wärme des Steins in das Ohr übergeht. So wie dieser Stein von der mannigfachen Luft erwächst, so löst er auch mannigfache Säftekrankheiten. Und so wird jener sein Gehör wieder zurückbekommen.

▶ Wer einen schweren Schnupfen hat, soll einen Jaspis vor seinen Mund halten und ihn mit seinem warmen Atem anhauchen, damit er dadurch gewärmt und feucht wird. Und so soll er ihn in die Nasenlöcher stecken und diese mit seiner Hand zuhalten, damit die Wärme [des Steins] in den Kopf fließen kann. So werden die Kopfsäfte sich schnell und leicht lösen und er wird sich besser fühlen.

▶ Wenn aber im Herz oder in den Lenden eines Menschen oder in einem anderen seiner Glieder die Unwetter der Säfte, also die Gicht, auftritt, so soll er den Jaspis fest auf die Stelle halten, bis dieser aufgewärmt wird, und so wird die Gicht weichen, da die gute Wärme und die gute Energie jene falschen kalten und falschen warmen Säfte heilen und zur Ruhe bringen.

▶ Wenn ein Mensch im Schlaf Blitze und Donner träumt, ist es gut, dass er den Jaspis bei sich trägt, da Phantasiegebilde und trügerische Erscheinungen ihn dann meiden und fliehen.

▶ Und wenn eine Frau ein Kind zur Welt bringt, soll sie zu dieser Stunde, aber auch nachher während der ganzen Kindbettzeit, einen Jaspis in der Hand halten, dann werden die schlechten Luftgeister weder ihr noch ihrem Kind Schaden zufügen. Denn die alte Schlange streckt ihre Zunge nach dem Schweiß des Kindes aus, das aus dem Mutterschoß geboren wird, und so stellt sie zu dieser Zeit sowohl dem Kind als auch der Mutter nach.

▶ Wenn aber an irgendeinem Ort eine Schlange zischt, so soll man dort einen Jaspis hinlegen, dann wird ihr Hauch so geschwächt, dass er weniger schadet und die Schlange an diesem Ort recht bald schon zu zischen aufhört. (*Physica,* Buch 4;10)

In der christlichen Tradition galt die Schlange seit jeher als Symbol des Bösen, Verführerischen. Schon im Alten Testament wird sie als gottfeindliches, dämonisches Wesen bezeichnet (Gen 3), vor dem man sich hüten solle.

Nach Hildegard vertreibt der Jaspis »mannigfache Säftekrankheiten«, unter anderem Schnupfen. Dazu muss man den Stein anhauchen, in das Nasenloch stecken und anschließend die Nase zuhalten.

53

Anwendung nach Hildegard

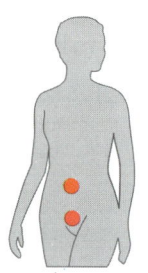

Gelber Jaspis hängt mit dem Sakralchakra, roter und brauner mit dem Wurzelchakra zusammen. Astrologisch gesehen ist der Jaspis der Stein der Widder- und Jungfrau-Geborenen.

Hildegard empfiehlt den Jaspis gegen Schwerhörigkeit, Erkältungen, rheumatische Beschwerden und Herzschmerzen. Doch auch bei Alpträumen und Schlafstörungen kann der Stein große Dienste leisten. Besonders wichtig ist der Jaspis während und nach der Geburt, da seine Energie das Neugeborene und auch die Mutter schützt. Die »alte Schlange« steht für die Bosheit des Satans, weist aber im Grunde in diesem Fall auf die besondere Gefährdung hin, die während der Geburt für das Kind besteht.

Praxis-Tipp

Der Jaspis ist in vielen Formen erhältlich. Bei Ohrenproblemen oder Erkältungen sollten geschliffene, olivenförmige Kiesel verwendet werden. Mittels einer Öse können Sie ein kleines Kettchen am Stein befestigen, um ihn so leicht wieder aus Ohr oder Nase herausziehen zu können. Für die Schmerzbehandlung eignen sich polierte Scheiben besonders gut. Verwenden Sie keine Rohsteine, da sie teilweise scharfe Kanten haben. Der Jaspis sollte täglich unter fließendem Wasser entladen werden.

Hier hilft der Stein

Schwerhörigkeit, Nachbehandlung von Gehörsturz

▶ Hauchen Sie eine geschliffene Jaspisolive an und stecken Sie sie vorsichtig in Ihr Ohr. Verschließen Sie den Gehörgang mit Watte und lassen Sie den Stein mindestens 15 Minuten lang wirken. Ziehen Sie den Jaspis mit einem an ihm befestigten, dünnen Kettchen sorgsam wieder heraus.

Schnupfen, schwere Erkältung, Nebenhöhlenentzündungen

▶ Hauchen Sie mehrmals täglich zwei kleine Jaspisoliven an und stecken Sie sie jeweils für einige Minuten in Ihre Nasenlöcher (nicht zu tief). Halten Sie sich die Nasenlöcher währenddessen vorsichtig mit der

54

Hand zu, doch üben Sie dabei keinen Druck auf die Nasenscheidewand aus, da dies den Sekretfluss verstärkt.

Rheuma, Gicht, Ischialgie, schmerzhafte Herzbeschwerden, aber auch Kopf- und Gliederschmerzen

▶ Legen Sie eine Jaspisscheibe oder einen Trommelstein auf die schmerzende Stelle auf, bis er richtig warm wird. Wiederholen Sie diese Anwendung mehrmals täglich.

Alpträume, Schlafstörungen

▶ Tragen Sie nachts regelmäßig einen Jaspis auf der Haut. Nehmen Sie ihn dazu entweder in die Hand oder tragen Sie eine Jaspiskette.

Während und nach der Geburt

▶ Halten Sie während der Geburt einen Jaspiskiesel in der Hand und geben Sie dann auch einen kleinen Stein in das Bettchen Ihres Kindes, doch achten Sie darauf, dass der Stein für Ihr Kind unerreichbar liegt, damit nichts passieren kann! Der Stein schützt Mutter und Kind auch schon in der Schwangerschaft.

Der Jaspis kann ungeahnte Energien freisetzen und ein aus den Fugen geratenes Immunsystem wieder normalisieren.

Der Jaspis in der modernen Edelsteintherapie

In der modernen Edelsteintherapie werden rote Steine bei sexuellen Problemen und Unfruchtbarkeit sowie gegen Nervosität und Stress eingesetzt. Gelber Jaspis stärkt das Immunsystem und lindert Wechseljahresbeschwerden. Am wirkungsvollsten ist es, mehrere Wochen bis Monate lang jeden zweiten Morgen ein Glas Jaspiswasser auf nüchternen Magen zu trinken. Der Stein muss zuvor über Nacht in das Wasser eingelegt worden sein (das Glas zudecken!). Bräunliche Steine helfen bei Beschwerden im Bereich der Verdauungsorgane und werden darüber hinaus eingesetzt, um Gewichtsprobleme dauerhaft in den Griff zu bekommen. Wenn Sie allerdings in letzter Zeit Gewicht zugenommen haben, ohne dass sich eine Erklärung dafür anbietet, sollten Sie auf jeden Fall zum Arzt gehen, um die Ursachen abzuklären.

Der Jaspis lindert Wechseljahrebeschwerden.

KARNEOL

Der Karneol galt bei den alten Griechen als Sonnensymbol und war eine beliebte Grabbeigabe. Hildegard empfiehlt ihn gegen Nasenbluten.

Daten und Fakten

MINERALOGISCHE EIGENSCHAFTEN: Beim Karneol handelt es sich um eine mikrokristalline Quarzvarietät. Der zur Gruppe der Chalzedone gehörende Stein gehört zu den trigonalen Kristallen.

CHEMISCHE ZUSAMMENSETZUNG: SiO_2

EINLAGERUNGEN: Fe, O, OH_3

HÄRTE: 6,5 bis 7

FARBE: rot, braun, fleischfarben, aber auch gelb oder orange

FUNDORTE: Brasilien, Indien, Arabien, USA, Südafrika, Australien.

Geschichte

Der Name Karneol leitet sich vom lateinischen »corneolus« (= Kirsche) ab. Die Ägypter verehrten den Karneol als lebensspendenden Heilstein und legten ihn den Verstorbenen als Beigabe ins Grab. Seit den Griechen galt der Edelstein als Sonnensymbol.

Hildegard über den Karneol

Der Karneol erwächst eher aus der warmen Luft als aus der kalten Luft und ist im Sand zu finden.

▶ Wenn jemandem das Blut aus der Nase strömt, dann wärme Wein auf. In den aufgewärmten Wein soll der Karneol gelegt werden. Gib ihm diesen Wein zu trinken, so wird das Blut zu fließen aufhören. (*Physica,* Buch 4;23)

Anwendung nach Hildegard

Hildegard widmet dem Karneol nur zwei Absätze. Die Indikation ist daher eindeutig. Im Gegensatz zur traditionellen Volksheilkunde, in der der Karneol allgemein zum Stillen von Blutungen verwendet wird, setzt Hildegard ihn ausschließlich gegen Nasenbluten ein. Doch der Stein hat noch weitere positive Eigenschaften: Unter anderem hilft er auch gegen Schnupfen.

Praxis-Tipp

Für heilende Zwecke sollten Sie ausschließlich den echten Karneol verwenden. Leider ist die Echtheit der Steine allerdings nicht ganz leicht festzustellen, da auch künstlich gerötete Chalzedone als Karneole verkauft werden – Sie müssen sich also auf Ihren Edelsteinhändler verlassen können. Für die Hildegard-Anwendung empfiehlt sich ein Trommelstein.

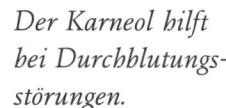

Hier hilft der Stein

Nasenbluten, Schnupfen

▶ Wärmen Sie ein Glas Wein auf dem Herd auf, er sollte jedoch nicht kochen. Legen Sie den Karneol auf den Glasboden, übergießen Sie ihn mit dem warmen Wein, lassen Sie das Ganze zehn Minuten lang stehen und trinken Sie den Wein über dem Karneol dann in kleinen Schlucken.

Der Karneol harmonisiert die Energie des Sakralchakras. Er hängt mit den Sternzeichen Widder, Zwillinge, Jungfrau und Stier zusammen.

Der Karneol in der modernen Edelsteintherapie

Heute werden Karneole auf der Haut getragen, um Verdauungsbeschwerden und Unterleibsschmerzen zu lindern. Aber auch für die Blutbildung und bei Durchblutungsstörungen ist der Stein besonders zu empfehlen. Durchblutungsstörungen sind eine typische Zivilisationskrankheit, die hauptsächlich auf den chronischen Bewegungsmangel und die fettreiche Ernährung in unserer Zeit zurückzuführen sind. Generell kann man zwischen arteriellen und venösen Durchblutungsstörungen unterscheiden. Wenn sie länger bestehen, ergibt sich daraus eine ernste Gefahr für verschiedene Organe, besonders für die Herz- und Hirngefäße. Der Karneol hilft mit, Durchblutungsstörungen auf natürliche Weise zu beseitigen.

Der Karneol hilft bei Durchblutungsstörungen.

ONYX

Der Onyx galt in der Antike als Symbol für Kraft und Stärke. Hildegard empfiehlt ihn gegen körperliche und seelische Schwächezustände sowie gegen Magenbeschwerden.

Daten und Fakten

MINERALOGISCHE EIGENSCHAFTEN: Der zu den Quarzen zählende Onyx kristallisiert trigonal in faserigen Aggregaten. Der Stein zählt zur Gruppe der Chalzedone.

CHEMISCHE ZUSAMMENSETZUNG: SiO_2

EINLAGERUNGEN: C, Fe

HÄRTE: 7

FARBE: schwarz

FUNDORTE: Brasilien, USA, Mexiko, Madagaskar und Indien.

Geschichte

Wie Grabfunde bei den Griechen und Römern, aber auch bei den Indianern zeigen, sollten die Heilwirkungen des Steins durch magische Inschriften verstärkt werden. Im Laufe der Zeit wurde der Onyx immer häufiger als Schmuckstein verwendet. Innerhalb der Volksmedizin wurde vor allem dem geschliffenen Onyx mit seinen weißlichen Einlagerungen eine große Heilkraft für erkrankte Augen zugeschrieben.

Hildegard über den Onyx

Der Onyx ist voll Wärme und wächst in der dritten Tagesstunde in einer dichten Wolke, wenn die Sonne starke Hitze ausstrahlt, sich aber gleichzeitig verschiedene Wolken über die Sonne legen, so dass die Sonnenstrahlen es nicht vermögen, durch die Überschwemmung des Wassers durchzuscheinen. Und der Onyx besitzt nicht die Feuerhitze, sondern er enthält die Wärme der Luft und entspringt der Sonne, und er erhält seine Form aus den verschiedenen Wolken. Deshalb hat er große Kraft gegen Schwächezustände, die aus der Luft entstehen.

▶ Und wenn bei einem Menschen das Augenlicht verblasst oder wenn seine Augen irgendwie erkranken, etwa durch ein Geschwür am Auge, dann soll er reinen guten Wein in ein ehernes, kupfernes oder stählernes Gefäß eingießen, und er lege den Onyx in diesen Wein und lasse ihn 15 oder 30 Tage lang darin beizen. Und daraufhin nehme er den Stein fort und lasse den Wein in jenem Gefäß. Jeden Abend soll er dann seine Augen in rechtem Maße mit diesem Wein berühren, so werden sie schnell erhellt und gesund.

▶ Und wer Schmerzen im Herz oder in seiner Seite spürt, der soll den Onyx in seinen Händen oder auf der Haut seines Leibes aufwärmen, und auch erwärme er wieder Wein in einem Gefäß auf dem Feuer, dann nehme er das Gefäß vom Feuer, und über den Dampf des Weines halte er dann den Onyx, damit sich die vom Stein austretende Flüssigkeit mit dem Wein vermengen kann. Daraufhin lege er ihn in den gewärmten Wein und trinke diesen sofort, so wird der Schmerz des Herzens und der Seite schwinden.

▶ Wer aber an Schmerzen im Magen leidet, der soll den Wein, wie vorhin schon beschrieben, mit dem Onyx zubereiten, und dann koche er sich aus diesem Wein, Hühnereiern und wenig Mehl eine Suppe. Und diese esse er oft, so wird sein Magen gereinigt und geheilt werden.

▶ Doch auch wenn jemand an Milzschmerzen leidet, so soll er Ziegen- oder Lammfleisch kochen und soll dieses essen, nachdem es im beschriebenen Onyxwein eingetaucht wurde, so wie mancherlei Speisen in Essig eingetaucht werden. Und das mache er oft, so wird die Milz genesen und wird nicht mehr geschwollen sein.

▶ Wer aber unter starkem Fieber leidet, der soll den Onyx über fünf Tage in Essig einlegen und dann soll er alle Speisen mit diesem Essig vermischen und würzen, nachdem er [den Stein] herausgenommen hat, und er esse sie auf diese Weise, und so wird das Fieber verschwinden und schnell weichen, da die gute Wärmeenergie des Onyx, die mit der des Essigs vereint ist, die schädlichen Säfte, die das Fieber verursachen, vertreibt.

Im Mittelalter wurde Essig traditionell außer zur Bereitung saurer Speisen auch zum Haltbarmachen von Fleisch und Gemüse als Durst stillendes Getränk sowie als Arzneimittel verwendet. Hildegard schwört darauf.

Nach Hildegard verfliegen Herzschmerzen im Nu, wenn man den Onyx in gewärmten Wein einlegt und anschließend den Wein trinkt.

▶ Doch auch wenn die Melancholie dich bedrückt, sollst du den Onyx geduldig betrachten und ihn sodann auch gleich in den Mund nehmen. So wird die Traurigkeit in deinem Geiste schon in Bälde weichen.

▶ Wenn aber die Rinderpest die Rinder befällt und sie tötet, dann bringe Wasser am Feuer in einem Gefäß zum Kochen und halte den Onyx, nachdem du das Gefäß wieder vom Feuer genommen hast, in den Dampf des Wassers, damit die [aus dem Stein] austretende Flüssigkeit sich mit dem Wasser vermischen kann, und lasse ihn dann noch drei Tage im Wasser liegen. Gib dieses Wasser, nachdem du den Stein fortgenommen hast, den Rindern zu trinken, und tue dies oft. Und besprenge mit diesem Wasser auch das Futter und wirf ihnen auch Kleie, die du mit diesem Wasser gemischt hast, zum Fressen vor, und mache das oft, so wird es ihnen besser gehen. (*Physica,* Buch 4;3)

Anwendung nach Hildegard

Zweifellos gehört der Onyx zu den wichtigsten Heilsteinen innerhalb Hildegards Edelsteintherapie. Der Stein wird von Hildegard bei folgenden Beschwerden verwendet: Schwächezustände, Augenprobleme, Sehschwäche, Herzschmerzen, Seitenstechen, Magenbeschwerden, Gastritis, Sodbrennen, Erkrankungen der Milz, starkes Fieber, aber auch bei Traurigkeit, Depressionen und geistiger Erschöpfung.

Die Schwächezustände beschreibt Hildegard genauer: » ... die aus der Luft entstehen.« Damit ist sicher Wetterfühligkeit gemeint. Die mehrdeutige Sprache Hildegards lässt aber vermuten, dass der Onyx auch bei jener Schwäche hilfreich ist, die uns überkommt, wenn unsere Wünsche uns einen Streich spielen und wir Dinge haben wollen, auf die wir besser verzichten sollten, wenn wir also bei Versuchungen »schwach werden« und kaum widerstehen können. Hier entfaltet der Onyx eine bremsende Wirkung.

Die Indikation »Augenprobleme« hat – wie ja bereits angedeutet – nicht nur mit der Einschränkung des körperlichen Sehens, sondern auch mit der seelischen Schwierigkeit, »die Dinge richtig zu sehen«, zu tun. In der religiösen Tradition steht das Auge in einem symbolischen Zusammenhang mit persönlicher Erleuchtung.

Der Onyx ist einer der wichtigsten Steine in der Edelsteintherapie Hildegards. Er ist sehr vielseitig einsetzbar und hilft gegen Schwächezustände ebenso wie gegen Sodbrennen.

Das sollten Sie beachten

Im Abschnitt über Herzschmerzen spricht Hildegard von einem Schmerz in der Seite. Es ist daher sehr wahrscheinlich, dass sie sich auf ein ganz typisches Krankheitsbild, nämlich auf die Angina pectoris, bezieht, bei der es zu ausstrahlenden Schmerzen in der linken Seite kommt. Dennoch sollte man, wenn Hildegard von »Herzschmerzen« spricht, immer auch an das Herz im übertragenen Sinne denken. Im Juden- und Christentum gilt das Herz seit jeher als Sitz der Liebe, aber auch der Intuition und der Weisheit. Hildegard liebt diese Metaphorik. Gerade im Zusammenhang mit dem Onyx taucht bei Hildegard ja auch die Indikation Melancholie oder Traurigkeit auf. Der Stein hilft dabei, die düsteren Gedanken, die Antriebslosigkeit und Hoffnungslosigkeit, durch die die Depression gekennzeichnet ist, zu überwinden. Allerdings sollte man dabei etwas Geduld mitbringen, denn dauerhafte Veränderungen brauchen ihre Zeit.

Hildegard empfiehlt den Onyx ferner noch bei »Magenschmerzen«, womit auch Gastritis und Magengeschwüre gemeint sein dürften, sowie bei Erkrankungen der Milz. Was die Heilwirkungen gegen Fieber betrifft, so ist an dieser Stelle sicher von langwierigem Fieber die Rede, wie es in Zusammenhang mit chronischen Infektionen auftritt, da allein schon die Zubereitung des Heilmittels nach Hildegard fünf Tage Vorbereitung erfordert und somit bei kurzzeitig auftretendem Fieber kaum Sinn macht.

Der Onyx muss unbedingt über einen längeren Zeitraum hinweg getragen werden, da er seine heilende Wirkung nur sehr langsam entfaltet.

Praxis-Tipp

Der schwarze Onyx ist als Trommelstein, Handschmeichler, in Form von Ketten und vielerlei Schmuckgegenständen im Handel erhältlich. Achten Sie darauf, dass Sie sich für Heilzwecke einen echten Onyx besorgen, denn es gibt auch einen künstlichen Onyx, nämlich den mit Zuckerlösung gefärbten Achat. Entladen Sie den Stein einmal in der Woche unter fließendem Wasser.

61

Hier hilft der Stein

Schwächezustände, Wetterfühligkeit, atmosphärisch bedingte Erschöpfung

▶ Hildegard gibt nicht genau an, wie der Onyx hier zu verwenden ist. Wahrscheinlich genügt es aber, den Stein direkt auf der Haut zu tragen, ihn bei akuten Schwächeanfällen oder Wetterfühligkeit in die Hand zu nehmen und sich im Geiste auf ihn zu konzentrieren. Verwenden Sie dazu am besten einen Onyxtrommelstein oder einen Onyxanhänger.

Sehschwäche, Augenprobleme, Kurz- und Weitsichtigkeit, Bindehautentzündung, Gerstenkorn

▶ Legen Sie einen Onyx in ein mit 150 Milliliter Wein gefülltes Metallgefäß (Eisen oder Kupfer) und lassen Sie den Stein darin 15 Tage oder einen Monat lang imprägnieren. Entfernen Sie den Onyx anschließend. Das Tonikum, das Sie erhalten, ist ein ausgezeichnetes (äußerlich anzuwendendes!) Augenmittel, das Sie mittels einer Pipette auf Ihre Finger träufeln (Hände zuvor sehr sauber waschen) und abends vor dem Schlafengehen sanft auf den geschlossenen Augenlidern gleichmäßig verstreichen sollten.

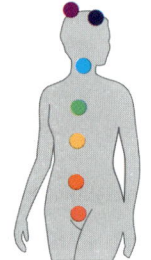

Der Stein steht mit allen Chakras in Verbindung und hängt mit dem Sternzeichen Steinbock zusammen.

Herzschmerzen, Angina pectoris, Seitenstechen

▶ Wärmen Sie einen Onyxtrommelstein in Ihrer Hand auf, während Sie gleichzeitig 200 Milliliter Wein auf dem Herd in einem kleinen Edelstahltopf erhitzen. Nehmen Sie den Topf vom Herd und halten Sie den Stein über den dampfenden Wein, bis er beschlägt und das Wasser wieder vom Stein tropft. Legen Sie den Onyx dann in den Wein und trinken Sie den Wein über dem Edelstein anschließend sofort in kleinen Schlückchen ab.

Magenschmerzen, Gastritis, Magengeschwüre, Sodbrennen

▶ Bereiten Sie einen halben Liter Onyxwein wie oben angegeben und kochen Sie dann mit diesem Wein, zwei Esslöffeln Dinkelmehl und einem Ei eine Suppe. Vermischen Sie alle Zutaten dazu gründlich mit einem Schneebesen und lassen Sie das Ganze fünf bis zehn Minuten auf kleiner Hitze köcheln. Nehmen Sie den Onyx erst kurz vor dem Genuss aus der Suppe, die Sie bei Beschwerden täglich essen sollten.

Erkrankungen und Schwellungen der Milz

▶ Wiederum wird ein Onyxwein wie oben angegeben zubereitet. Mit diesem Wein wird dann ein wenig Ziegen- oder Lammfleisch gebeizt. Essen Sie regelmäßig eine kleine Menge dieses gewürzten Fleisches, jedoch nur, bis die Beschwerden verschwunden sind.

Länger anhaltendes Fieber

▶ Legen Sie einen Onyx für fünf Tage in 100 Milliliter Weinessig ein. Nachdem Sie den Stein danach wieder entfernt haben, würzen Sie alle Ihre Speisen mit dem Essig.

Traurigkeit, Melancholie, depressive Verstimmungen, geistige Erschöpfung, Schwäche

▶ Führen Sie stets einen Onyx, beispielsweise in Form eines Trommelsteins oder einer Kette, mit sich. Nehmen Sie ihn des öfteren in die Hand und konzentrieren Sie sich auf seine positive Kraft. Um die Wirkung zu verstärken, nehmen Sie den Stein in den Mund.

Der Onyx in der modernen Edelsteintherapie

Lithotherapeuten setzen den Onyx heute vor allem gegen Hautpilze, Entzündungen, Sonnenbrand und Hautverletzungen ein.

Die Haut ist ein sehr empfindliches Organ, das vielfach als »Spiegel der Seele« bezeichnet wird. Gerade heute ist der »Schutzschild« Haut wie kaum ein anderes Organ des menschlichen Körpers durch veränderte Umweltbedingungen bedroht. Es ist somit kein Zufall, dass in den letzten Jahren die Häufigkeit von allergischen und entzündlichen Hauterkrankungen um ein Vielfaches zugenommen hat. Der Onyx, sofern er regelmäßig getragen wird, kann zumindest einigen Schäden an der Haut vorbeugen. Doch auch bei Augen- und Ohrenerkrankungen sowie bei Herz- und Nierenbeschwerden wird der Onyx oft empfohlen. Auf der seelischen Ebene stärkt der Onyx das Selbstvertrauen und vertreibt negative Energien.

Der Onyx leitet negative Energien von seinem Träger ab und schafft Harmonie. Außerdem fördert er das Selbstbewusstsein.

Der Onyx hilft gegen hartnäckige Hautpilze und Hautverletzungen.

PERLEN (MARGARITAE)

Perlen galten bereits im alten Ägypten als Mittler zwischen Göttern und Menschen. Hildegard empfiehlt sie gegen Fieber und Kopfschmerzen.

Daten und Fakten

MINERALOGISCHE EIGENSCHAFTEN: Obwohl Perlen genau genommen keine Edelsteine sind, sondern von Tieren (Muscheln) produziert werden, werden sie aufgrund ihrer Härte und Schönheit seit jeher zu den Juwelen gezählt. Perlen bestehen aus Kalk und organischen Muschelsubstanzen. Die aus Perlmutt bestehende Substanz, die auch die Innenschalen der Muscheln auskleidet und sich in erster Linie aus dem Kristall Aragonit zusammensetzt, bildet die Perle, die um einen Fremdkörper herum, meist um ein Sandkorn, aufgebaut wurde.

CHEMISCHE ZUSAMMENSETZUNG: 96 Prozent $CaCO_3$, zwei bis vier Prozent organische Bindemittel

HÄRTE: 3 bis 4

FARBE: schimmernd, silbrig, cremefarben, aber auch rötlich, rosa, blau, grün, golden und schwarz

FUNDORTE: In den Küstenregionen der warmen Meere, vor allem am Persischen Golf, Japan, China und den nordaustralischen Küsten. Flussperlen werden von Süßwassermuscheln weltweit erzeugt. Zuchtperlen werden heute vor allem in China und Japan gezüchtet.

Geschichte

Perlenschmuck war bereits in vielen Hochkulturen von Mesopotamien bis nach Indien bekannt. Die persische Königin Achemenid trug schon vor mehr als 4000 Jahren eine Kette aus Perlen, die heute im Museum von Kairo ausgestellt ist. Bei den alten Ägyptern wurden die Perlen als Boten zwischen Menschen und Göttern verehrt. Als Handelsware gewannen Perlen jedoch erst zur Römerzeit Bedeutung, wobei Alexandria den Umschlagplatz für den römischen Perlenmarkt bildete. Im nördlichen Europa hat die Verarbeitung von Perlen zu Schmuckstücken zu Beginn des 15. Jahrhunderts deutlich zugenommen. Seit Beginn des 20. Jahrhunderts stammen Perlen immer häufiger aus künstlicher Zucht, wodurch sie auch für kleinere Geldbeutel erschwinglich geworden sind.

Hildegard über die Perlen

 Die zu den Edelsteinen zählenden Perlen werden in Hildegards Schriften oft als Gleichnis erwähnt. Die in der *Physica* genannte Heilwirkung bezieht sich jedoch ausschließlich auf Flussperlen, also auf Süßwasserperlen, für die sie die griechische Bezeichnung Margariten verwendet. Hildegard warnt ausdrücklich vor dem Einsatz der Meeresperlen, die sie als »Perlchen« bezeichnet: ... und sie haben keinen Nutzen für die Heilung, da sie den Menschen eher krank als gesund machen.
▶ Denn wenn jemand [eine Meeresperle] in seinen Mund nehmen würde, würde er fast so krank werden, als hätte er Gift eingenommen. Wenn er sie aber auf seine Haut legen würde, so dass sein Fleisch sich von ihnen aufwärmen würde, würde er ihr Gift aufnehmen, so dass er erkranken und Schmerzen leiden würde. (*Physica*, Buch 4;22)

Wenn Hildegard von Perlen redet, meint sie stets Flussperlen, also Süßwasserperlen. Vor dem Einsatz von Meeresperlen warnt sie ausdrücklich.

Anwendung nach Hildegard

Im Gegensatz zu Meeresperlen empfiehlt Hildegard ausdrücklich die Anwendung von Flussperlen, die sich ihren festen Platz innerhalb Hildegards Edelsteintherapie erobern konnten:
▶ Die Perlen [Flussperlen] entstehen aus gewissen salzigen Wassern der Flüsse. Denn durch sein Salzwasser sinkt das Fettige dieser Flüsse auf den Sand hinab, wodurch das darüberstehende Wasser gereinigt wird. Und das Fettige ballt sich samt seinem Salzigen zu Perlen zusammen, die selbst voller Reinheit sind.
▶ Nimm also diese Perlen und lege sie in Wasser hinein, so wird sich der gesamte Schleim und Schlier in diesem Wasser um die Perlen ansammeln, und das obenstehende Wasser wird gereinigt und sauber werden.
▶ Und wenn ein Mensch an Fieber leidet, so soll er dieses obere Wasser oft abtrinken, so wird es ihm besser gehen.
▶ Doch auch wer an Kopfschmerzen leidet, der soll die Perlen in der Sonne aufwärmen und sie aufgewärmt auf seine Schläfen auflegen, und darüber soll er ein Tuch binden, so wird er geheilt werden. (*Physica*, Buch 4;21)

Das sollten Sie beachten

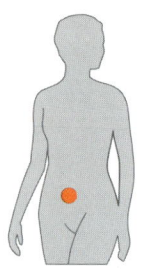

Hildegard empfiehlt die Flussperle ausschließlich zur Behandlung von fieberhaften Erkrankungen und Kopfschmerzen. Die Anwendung, nach der »Perlenwasser« getrunken und die Perlen auf die Schläfen aufgelegt werden, waren für die damalige Zeit äußerst ungewöhnlich, da die mittelalterliche Praxis im Allgemeinen darin bestand, Perlen zu pulverisieren und einzunehmen, wovon Hildegard von Bingen jedoch abrät.

Natürliche Flussperlen, die von der Flussperlmuschel (Margaritifera) erzeugt werden, sind äußerst selten, für Heilzwecke aber besonders zu empfehlen. Im Übrigen können Sie selbstverständlich jederzeit auch Zuchtperlen aus einer ganz normalen Süßwasserzucht verwenden.

Sämtliche Perlen aktivieren die Funktion des Sakralchakras. Während weiße und helle Perlen dem Sternzeichen Krebs zugeordnet sind, unterstützen schwarze Perlen die Entwicklung von Steinbock-Geborenen.

Praxis-Tipp

Wenn Sie Perlen innerhalb der Hildegard-Edelsteintherapie anwenden wollen, sollten Sie darauf achten, ausschließlich Süßwasserperlen beziehungsweise Flussperlen zu verwenden.

Hier hilft der Stein

Fieberhafte Erkrankungen

▶ Legen Sie einige Süßwasserperlen auf den Boden eines Glases und füllen Sie das Glas mit 150 Milliliter Quellwasser auf. Lassen Sie das Ganze etwa eine Stunde lang stehen und trinken Sie das Wasser dann in kleinen Schlückchen ab (natürlich ohne die Perlen zu verschlucken). Wiederholen Sie die Anwendung über längere Zeit mindestens drei- bis viermal täglich.

Kopfschmerzen, Migräne

▶ Wärmen Sie zwei größere Süßwasserperlen in der Sonne auf und befestigen Sie die aufgewärmten Perlen rechts und links in der Höhe Ihrer beiden Schläfen, indem Sie sie mit einem Verband fixieren. Sie können die Perlen aber ebenso gut mit zwei kleinen Heftpflastern an den Schläfen befestigen. Lassen Sie die Perlen mindestens ein bis zwei Stunden lang auf den Schläfen aufliegen, bevor Sie sie wieder entfernen. Wiederholen Sie diese Anwendung über einen längeren Zeitraum bei Bedarf zwei- bis dreimal täglich.

Perlen in der modernen Edelsteintherapie

Zur Harmonisierung des Hormonhaushaltes soll Perlenwasser über mehrere Wochen regelmäßig getrunken werden. Perlenwasser oder Perlentee aktiviert die Funktion der Nebenniere, des Nervensystems und des Muskelsystems. Das Tragen von Perlen auf der Haut wird heute gegen fieberhafte Erkrankungen, chronische Kopfschmerzen, Migräne, rheumatische Beschwerden, Gelenkschmerzen und gegen allergische Reaktionen erfolgreich eingesetzt.

Derzeit leidet jeder zweite Europäer an einer allergischen Erkrankung, und die Zahl der Allergiker nimmt jährlich weiter zu. Ein intaktes Immunsystem kann zwischen harmlosen und schädlichen Stoffen unterscheiden. Ein gestörtes Immunsystem stuft jedoch harmlose Stoffe wie beispielsweise Pollen, Tierhaare, Federn, Eiweiß fälschlicherweise als gefährlich ein und antwortet mit einer Überreaktion, indem es Abwehrkräfte gegen diese Allergene mobilisiert – was zu unangenehmen Schwellungen, Hautausschlägen, Nießattacken, Atemnot und sogar zu Schockzuständen führen kann. Auch Folgeerkrankungen wie Heuschnupfen oder Asthma sind möglich. Damit es nicht so weit kommt, sollten gefährdete Personen auf die Kraft der Perlen vertrauen. Diese entfalten eine ausgleichende Wirkung und mildern allergische Reaktionen ab. Im psychischen Bereich gelten Perlen als Schutz vor depressiven Verstimmungen. Sie tragen dazu bei, sich seiner Gefühle bewusster zu werden. Darüber hinaus helfen sie sensiblen Menschen dabei, mehr Stabilität und Selbstsicherheit im Alltag und im Umgang mit anderen Menschen zu entwickeln.

Perlen, auf der Haut getragen, können Muskelschmerzen, fieberhafte Erkrankungen, Migräne und allergische Reaktionen lindern.

Perlen fördern die Abwehrkräfte gegen Allergien.

PRASEM (AFRIKANISCHE JADE)

Daten und Fakten

MINERALOGISCHE EIGENSCHAFTEN: Der Prasem wird auch als afrikanische Jade oder Smaragdquarz bezeichnet. Er gehört zur Gruppe der Quarze. Der lauchgrüne, trigonale Stein enthält Aktinolitheinschlüsse.

CHEMISCHE ZUSAMMENSETZUNG: SiO_2

EINLAGERUNG: Aktinolith: $Ca_2 (Mg, Fe)_5[(OH, F)/Si_4 O11]_2$

HÄRTE: 7

FARBE: verschiedene Grüntöne

FUNDORTE: USA, Finnland, Schottland, Südafrika und Australien.

Der Prasem galt in der Antike als Garant für Ruhe während der Meditation. Hildegard empfiehlt ihn gegen Fieber, Verletzungen und blaue Flecken.

Geschichte

Seit der Antike wird der Prasem eher als Heilstein und Schutzstein und weniger als Schmuckstein verehrt. Der griechische Tempel des Apoll in Delphi wurde größtenteils aus reinem Prasem erbaut, da dieser Stein den Priestern als Schutz diente und ihnen die nötige Ruhe für das Gebet garantierte. Auch im Mittelalter wurde der Prasem als mystischer Heilstein angebetet und bei zahlreichen Augenerkrankungen eingesetzt.

Hildegard über den Prasem

Der Prasem erwächst aus der Abendsonne, die ihre Strahlen bereits von der Erdoberfläche zurückzieht, und zwar dann, wenn der Tau sich schon nähert und wenn die Sonnenstrahlen langsam auf den genannten Berg fallen und ihn stark erhitzen. Und auf diese Weise erwächst dort der Prasem von der Sonnenhitze und aus der Feuchte der Luft und des Wassers wie auch aus der Grünkraft des Taus.

▶ Wenn aber jemand lodernde Fieber hat, so soll er den Prasem in ein wenig Teig von Roggenbrot einwickeln, und den auf diese Weise eingewickelten [Prasem] soll er in ein Tüchlein hineinbinden und soll ihn drei Tage und Nächte lang so eingebunden über seinen Nabel legen, so wird das Fieber ihn verlassen.

▶ Wer aber bei einem Sturz oder durch einen Stich an seinem Leibe verletzt wurde, der soll abgelagertes [Schweine-]Fett mit der gleichen Menge Salbei und Rainfarn vermischen und in das Ganze soll er den Prasem hineindrücken. Und dann wärme er das Ganze an der Sonne oder am Feuer auf, und das Gemisch lege er mitsamt dem Stein warm auf die schmerzende Stelle auf, so wird es ihm besser gehen. (*Physica*, Buch 4;11)

Anwendung nach Hildegard

Hildegard verordnet den bei ihr als »Prasius« bezeichneten Prasem gegen lodernde Fieber sowie bei Verletzungen und blauen Flecken. Mit den »lodernden Fiebern« sind bei Hildegard wohl alle Hautausschläge gemeint, die mit einem brennenden Gefühl und einer Rötung der Haut einhergehen. Dafür kommen beispielsweise Röteln und Masern in Frage, aber auch allergische Ausschläge. Erfahrungsgemäß hilft der Prasem aber auch bei Sonnenbrand. Als Auflagefläche empfiehlt Hildegard den Nabelbereich, der im Fernen Osten seit jeher als Zentrum der Lebensenergie gilt und reflektorisch mit dem ganzen Körper in Verbindung steht. Im zweiten Absatz kommt Hildegard auch auf die schmerzstillende Wirkung des Prasems zu sprechen. So kann er bei Verletzungen, blauen Flecken, Prellungen und Quetschungen eingesetzt werden, wobei der Edelstein aber nicht gegen den Bluterguss selber hilft.

Nach Hildegard hilft der Prasem bei Hautrötungen und allergischen Ausschlägen – allerdings muss er dazu auf den Bauchnabel aufgelegt werden, weil hier das Zentrum der Lebensenergie sitzt.

Praxis-Tipp

Der Prasem ist vor allem in Form von Trommelsteinen und Handschmeichlern, aber auch als Scheiben und Anhänger auf dem Markt. Entladen Sie den Prasem alle drei bis vier Tage unter lauwarmem, fließendem Wasser. Bewahren Sie ihn nachts in einer Schüssel mit trockenen Hämatit-Trommelsteinen auf und laden Sie ihn, wann immer es möglich ist, in der Sonne auf. Für die Anwendung nach Hildegard verwenden wir eine Prasemscheibe oder einen abgeflachten Trommelstein.

Hier hilft der Stein

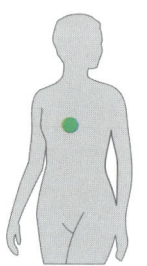

Hautausschläge, Sonnenbrand, allergische Hautreaktionen

▶ Drücken Sie eine kleine Prasemscheibe in etwas (Roggen-)Sauerteig hinein und umwickeln Sie den Teig dann mit einem Leinentüchlein. Fixieren Sie dieses Säckchen mindestens drei Tage und Nächte lang auf Ihrem Bauch, und zwar etwas oberhalb des Nabels. Am besten benützen Sie dazu eine elastische Binde oder ein großes Heftpflaster.

Prellungen, Quetschungen, Verletzungen

▶ Schneiden Sie 15 Gramm frischen Salbei und 15 Gramm frischen Rainfarn mit dem Wiegemesser möglichst fein. Erwärmen Sie fünf Esslöffel Schweinefett und vermischen Sie das Fett dann gründlich mit den Kräutern. Lassen Sie die Salbe aus Fett, Salbei und Rainfarnkraut abkühlen und drücken Sie einen kleinen Prasem in dieses Gemisch hinein. Wärmen Sie die Salbe vor der Verwendung an der Sonne oder am Holzofen auf. Salben Sie sich die schmerzenden Bereiche mit dieser Salbe ein und legen Sie auch den Stein darüber.

Als Herzstein wirkt der Prasem vor allem über das Herzchakra auf den Organismus ein. Der Edelstein hängt mit den Sternzeichen Krebs und Steinbock zusammen.

Der Prasem in der modernen Edelsteintherapie

In der heutigen Steinheilkunde spielt der Prasem, der (außer bei Hildegard) kaum Beachtung fand, eine relativ unbedeutende Rolle. Aus diesem Grund ist der Prasem auch im Edelsteinhandel eher selten anzutreffen. Dies ist umso bedauerlicher, als der Stein außerordentliche Heilkräfte besitzt. Neben den von Hildegard erwähnten Heilwirkungen gegen Hautausschläge und Verletzungen wird der Stein von einigen Lithotherapeuten vor allem gegen Herzerkrankungen eingesetzt, da der Prasem die Herzfunktion beruhigt. Er hilft bei nervöser Erregung und fördert die körperlich-seelische Entspannung. Damit ist der Prasem auch der ideale »Anti-Stress-Stein«. Doch neben seinen beruhigenden Wirkungen auf Herz und Bluthochdruck beschleunigt der Prasem auch den Heilungsprozess bei sämtlichen Hauterkrankungen, seien sie nun durch äußerliche Einwirkung entstanden (Prellungen, Quetschungen, Wunden) oder auch durch Veranlagung und innere Prozesse ausgelöst (Neurodermitis, Schuppenflechte, Akne).

Bei der Schuppenflechte handelt es sich um eine Hauterkrankung, von der etwa zwei Prozent aller Menschen in Mitteleuropa in verschiedenem Maß betroffen sind. Sie kann akut, also schlagartig, oder mit häufigen Rückfällen verlaufen. Typisch sind in jedem Fall gerötete, silbrig schuppende Krankheitsherde vor allem an den Extremitäten, an der Kopfhaut oder auf dem Rücken; diese Stellen können pfennig- bis handtellergroß sein. Eine ursächliche Therapie gibt es bislang nicht, man kann die Symptome aber mit natürlichen Salben und besonders mit gut dosierter Sonneneinstrahlung bessern. Auch das häufige Tragen eines Prasems lindert die äußerst unangenehme Symptomatik und bringt in manchen Fällen sogar Heilung.

Vor allem nach längerem Lesen, nach Autofahrten oder Arbeiten am Computer, aber auch nach seelischen Überforderungen oder psychischen Erschütterungen können in den Augen Ermüdung, Brennen und ein Fremdkörpergefühl auftreten. Wie schon erwähnt, sieht Hildegard die Augen als »Spiegel der Seele«; in ihnen spiegelt sich die geistige Verfassung wider. Die einfache Bindehautentzündung ist durch eine Rötung beider Augen gekennzeichnet, ohne dass eine Beeinträchtigung der Sehleistung auftritt. Typische Zeichen sind außerdem Tränenfluss, in manchen Fällen auch Schmerzen und Lichtscheu. Auch die Schleimhaut kann geschwollen sein. Dem »trockenen Auge« liegt eine mangelhafte oder unausgeglichene Tränenproduktion zugrunde; es kommt hier zu einem Aufreißen des Tränenfilms. Beschwerden äußern sich hauptsächlich in einem Fremdkörpergefühl, in Ermüdungserscheinungen, bisweilen auch in Kopfschmerzen und geröteten Augen.

Bei Übermüdung der Augen und Augenerkrankungen, aber auch bei Kurz- oder Weitsichtigkeit kann ein regelmäßig auf der Haut getragener Prasemanhänger das Fortschreiten der Erkrankung verhindern oder sogar den Heilungsprozess einleiten.

Viele Edelsteintherapeuten halten den Prasem für einen ausgezeichneten »Anti-Stress-Stein«. Auch bei Augenerkrankungen entfaltet er seine heilende Wirkung.

Der Prasem ist der Stein für Haut und Augen.

71

RUBIN (KARFUNKEL)

Der Rubin galt in der Antike als Symbol der Liebe. Hildegard empfiehlt ihn gegen Fieber, Schüttelfrost, Infektionen und Wetterfühligkeit.

Daten und Fakten

MINERALOGISCHE EIGENSCHAFTEN: Der Rubin gehört in die Korund-Gruppe. Die trigonal kristallisierenden Korunde sind nach dem Diamanten die härtesten natürlich vorkommenden Stoffe.

CHEMISCHE ZUSAMMENSETZUNG: $Al_2O_3Cr_2O_3$

EINLAGERUNGEN: Ti, Fe, Cu, Mg, Si, Zn

HÄRTE: 9

FARBE: rot

FUNDORTE: Thailand, Sibirien, Indien, Ceylon, Brasilien.

Geschichte

Der Name des Steins leitet sich aus dem lateinischen »rubeus« (»rot«) ab. Sowohl bei den Griechen als auch bei den Römern galten Rubine als die »Mütter aller Edelsteine« und wurden mit der Kraft der Liebe in Verbindung gebracht. Im Mittelalter wurde der Rubin als Schutzstein gegen die Pest eingesetzt.

Hildegard über den Rubin

Der Rubin entsteht bei Mondfinsternis, wenn sich nämlich der Mond schon im Überdruss befindet, so als wolle er finster werden, wenn er dem göttlichen Befehl folgend anzeigt, dass Hungersnot, Seuchen oder politische Veränderungen bevorstehen ... Und da diese Mondfinsternis selten auftritt, ist auch dieser Stein selten zu finden, und seine Macht soll sehr vorsichtig und sorgfältig eingesetzt werden.

▶ Wenn jemand von einer Seuche, Schüttelfrost, Fieber oder Gicht oder irgendeiner anderen Krankheit befallen wird, dann sollst du um Mitternacht einen Rubin auf seinen Bauchnabel legen, wenn seine Säfte sich verändern, da die Macht [des Steines] dann am wirkungsvollsten ist. Nimm den Stein erst dann wieder vom Nabel fort, wenn der betreffende Mensch spüren kann, dass er [der Stein] etwas aufgewärmt wurde, und nimm ihn dann sofort weg, da seine Macht jenen Menschen und seine Eingeweide bereits besser durchdrungen hat, als es irgendeine andere Medizin oder irgendeine Salbe tun könnte. Sobald der Mensch eine Wirkung in sich spürt, sollst du den Rubin fortnehmen, denn wenn er länger auf seinem Nabel bliebe, würde seine Macht sich im ganzen Körper ausweiten und ihn ausdörren; und [richtig angewendet] vernichtet der Stein alle Krankheiten und jagt sie vom Menschen fort.

▶ Wenn aber jemand Kopfweh hat, soll er einen Rubin eine kurze Stunde lang auf seinen Scheitel auflegen, und zwar so lange, bis seine Haut sich dort erwärmt hat. Danach soll er ihn gleich fortnehmen, da die Macht dieses Steines seinen Kopf rascher und gründlicher durchdringt, als die beste Salbe es tut, und so wird es seinem Kopf besser gehen.

▶ Wenn du aber diesen Stein auf Kleider oder andere Dinge legst, werden sie länger halten und nur schwer vermodern.

▶ Und überall, wo der Rubin ist, können die Luftgeister ihre Täuschungen nicht vollenden, weil sie vor ihm fliehen und sich ihm entziehen. (*Physica,* Buch 4;14)

Anwendung nach Hildegard

Bei der Übersetzung mittelalterlicher Texte ist nicht immer leicht herauszufinden, welche Steine konkret gemeint sind. Dies gilt auch für den Rubin, der bei Hildegard als Karfunkelstein [carbunculus] bezeichnet wird. Das wäre noch kein Problem, doch leider wird auch der Granat als Karfunkel bezeichnet. Hildegards oben zitierte Textstellen beziehen sich aber ziemlich sicher auf den echten Rubin, da sie die extreme Seltenheit des Steines besonders erwähnt.

Die Heilige Hildegard von Bingen schreibt dem Rubin eine ganz besonders starke Macht zu und sagt ausdrücklich, dass diese vorsichtig und mit Erfahrung zu handhaben ist. Bei folgenden Problemen kann der Rubin nach Hildegard helfen: fieberhafte Erkrankungen, Schüttelfrost, Infektionskrankheiten, Kopfschmerzen, Migräne und Wetterfühligkeit. Interessanterweise erwähnt Hildegard den Edelstein auch als ein Mittel, um Kleider und Haushaltsgegenstände haltbarer zu machen. Vermutlich

Nach Hildegard vertreibt der Rubin zuverlässig Kopfschmerzen. Man muss sich den Stein dazu auf den Scheitel legen und warten, bis er sich erwärmt hat.

73

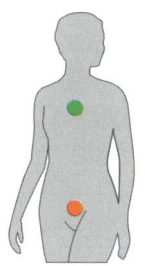

bezieht sich Hildegard darüber hinaus auch auf bestimmte Lebensmittel, die durch einen Rubin haltbarer werden.

Bei der letzten Indikation erwähnt Hildegard die so genannten »Luftgeister«, die bei ihr sowohl in Zusammenhang mit schwankenden Stimmungslagen und Launen stehen als auch in Bezug auf Wetterfühligkeit aufzufassen sind.

Praxis-Tipp

Für Heilzwecke eignen sich rohe oder gemugelte Rubine besonders gut. Darüber hinaus sind die Steine auch als Trommelsteine und geschliffene Schmucksteine in verschiedenen Formen erhältlich. Aufgrund ihrer außerordentlichen Kraft sollten Sie Rubine nie auf der bloßen Haut, sondern immer über der Kleidung tragen. Entladen Sie den Rubin möglichst alle zwei Wochen kurze Zeit unter fließendem Wasser.

Hier hilft der Stein

Fieber, Schüttelfrost, fieberhafte Infektionskrankheiten, rheumatische Beschwerden

▶ Legen Sie sich den Rubin um Mitternacht auf den Nabel. Achten Sie darauf, wie seine heilende Energie in Sie hineinstrahlt und das Fieber auflöst. Wenn Sie ein leichtes Wärmegefühl durch den Rubin zu spüren beginnen, entfernen Sie ihn sofort wieder. Hildegard betont mehrfach ausdrücklich, dass der Rubin so stark ist, dass man ihn nicht zu lange wirken lassen darf. Länger als eine halbe Stunde sollten Sie den Rubin nicht anwenden.

Kopfschmerzen, Migräne

▶ Legen Sie sich einen Rubin auf den Scheitel auf. Lassen Sie ihn so lange liegen, bis er ein Wärmegefühl in Ihnen hervorruft. Nehmen Sie den Stein spätestens nach 45 Minuten, bei Wärmeentwicklung schon früher, vom Scheitel weg. Wiederholen Sie diese Anwendung höchstens zweimal täglich.

Wetterfühligkeit, Stimmungsschwankungen

▶ Um schwankende Stimmungen auszugleichen oder körperliche Beschwerden, die durch Wetterwechsel hervorgerufen werden, zu lindern, müssen Sie den Rubin lediglich bei sich tragen. Bedenken Sie dabei jedoch, dass Sie den Rubin über der Kleidung und nicht direkt auf der Haut tragen sollten.

Der Rubin in der modernen Edelsteintherapie

Der Rubin stärkt die Herz- und Kreislauffunktion. Er hilft gegen Infektionserkrankungen und stärkt das körpereigene Immunsystem. Darüber hinaus wird der Rubin innerhalb der heutigen Steinheilkunde eingesetzt, um Erkrankungen, die ganz umfassend mit dem Blut zusammenhängen, zu bekämpfen. Dazu zählen unter anderem Blutarmut, Leukämie, aber auch Arterienverkalkung und Probleme mit zu hohem Blutdruck.

Die Fließeigenschaft des Blutes und die Menge des Blutes, das durch die Kapillaren strömen kann, entscheidet nicht nur über die Sauerstoff- und Nährstoffversorgung der Körpergewebe, sondern sie tragen auch zur Regulierung des Blutdrucks bei. In Deutschland haben schätzungsweise zehn Millionen Menschen einen mehr oder weniger stark erhöhten Bluthochdruck. Problematisch wird es, wenn der erhöhte Blutdruck über einen längeren Zeitraum besteht, weil dadurch die Blutgefäße stärker belastet werden. Hier kann der Rubin helfend eingreifen. Er normalisiert den Blutdruck auf sanfte und natürliche Weise und trägt somit ganz entscheidend dauerhaft zum Wohlbefinden bei.

Auf der seelischen Ebene erhöht der Rubin die Leidenschaft und er trägt dazu bei, die erotische wie auch die seelische Liebe zu aktivieren. Der Rubin gilt ferner als der Stein der Lebensfreude. Dazu muss er allerdings häufig über einen längeren Zeitraum getragen werden – möglichst über der Kleidung.

Der Rubin gilt als Glücksstein der Liebe und vermittelt Lebensfreude, indem er sensibel für die Partnerschaft macht. Außerdem hilft er gegen schlechte äußere Einflüsse.

Der Rubin aktiviert Liebesgefühle und bringt Lebensfreude.

SAPHIR

Daten und Fakten

MINERALOGISCHE EIGENSCHAFTEN: Der Saphir gehört zur Gruppe der Korunde und ist ein trigonal kristallisierendes Aluminiumoxid. Die verschiedenen Farben entstehen durch metallische Einlagerungen.

CHEMISCHE ZUSAMMENSETZUNG: Al_2O_3

EINLAGERUNGEN: Fe, Cr, Ti, V

HÄRTE: 9

FARBE: meist blau, manchmal auch gelb, grün oder violett bis schwarz

FUNDORTE: Brasilien, Sri Lanka, Indien, Australien.

In der Antike nahm man an, dass der Saphir die Energie des Saturns in sich trage. Hildegard empfiehlt ihn zur Stärkung des Verstandes und des logischen Denkens.

Geschichte

Der aus dem Sanskrit stammende Name »Sani«, von dem sich Saphir ableitet, bedeutet »Saturn«. In der Antike nahm man an, dass der Saphir die Energie des Saturns in sich trage. Bei den Griechen und Ägyptern wurde der Stein als Träger der Treue und Weisheit angebetet, später fand er auch in der Bibel Erwähnung.

Hildegard über den Saphir

Der Saphir ist warm und wächst um die Mittagsstunde, wenn die Sonne so stark scheint, dass die Luft durch ihre Hitze etwas eingeschränkt ist ... und er birgt die vollkommene Verehrung der Weisheit. So beschreibt die Heilige Hildegard diesen Edelstein.

▶ Wenn ein Mensch ein Häutlein im Auge hat, erwärme er einen Saphir in seiner Hand oder am Feuer, dann soll er das Häutlein mit dem feuchten Stein drei Tage lang morgens und abends berühren, so wird das Häutlein schrumpfen und schwinden.

▶ Und wenn jemand an geröteten, schmerzenden Augen leidet oder sich seine Augen trüben, soll er einen Saphir nüchtern in den Mund nehmen und ihn mit Speichel befeuchten, dann nehme er mit seinem Finger etwas von dem mit dem Stein befeuchteten Speichel und streiche sich damit um die Augen, wobei auch die Augen inwendig berührt werden sollen, so werden sie geheilt und klar.

▶ Aber auch wenn jemand vollkommen vergichtet ist, so dass er die große Last in seinem Kopf und am übrigen Körper nicht auszuhalten vermag, soll er den Stein in seinen Mund legen, so wird die Gicht verschwinden.

▶ Möchte ein Mensch klaren Verstand und klare Einsicht haben, soll er am frühen Morgen, wenn er aufsteht, einen Saphir nüchtern in den Mund nehmen und ihn für eine kurze Stunde dort behalten, bis er genug befeuchteten Speichel geschluckt hat, und ihn dann entfernen. Und er wärme etwas Wein in einem Gefäß am Feuer und halte [den Stein] in den Weindampf, damit er beschlage, und lecke mit der Zunge die Feuchtigkeit. So wird der Speichel auch durch den Wein ... in den Magen des Menschen getragen, wodurch er klaren Verstand und klare Einsicht gewinnen wird, und auch sein Magen wird gesund.

▶ Aber auch wenn jemand dumm und ohne Verständnis ist, aber gerne klug wäre ... der bestreiche sich die Zunge oft nüchtern mit einem Saphir, so wird er guten Verstand erlangen.

▶ Wer sehr wütend wird, lege gleich den Saphir in den Mund, so wird die Wut vertrieben ...

▶ Und wenn ein Mensch von bösen Dämonen besessen ist, soll ein Mitmensch den Saphir in Wachs legen und das in Leder einnähen und ihm diesen ledernen Beutel um den Hals hängen und sprechen: »Oh du böser Dämon, weiche sogleich von diesem Menschen, wie bei deinem ersten Sturz deines Glanzes Herrlichkeit dich sogleich verließ.« So wird der böse Dämon sehr gequält werden und von diesem Menschen ablassen, außer wenn es ein ganz böser, schlimmer Dämon ist, und der Kranke wird sich besser fühlen ... (*Physica,* Buch 4;6)

Nach Hildegard bekommt man einen »klaren Verstand«, wenn man den Saphir frühmorgens nüchtern in den Mund nimmt, eine Stunde daran leckt und den Speichel schluckt.

Anwendung nach Hildegard

Hildegard empfiehlt den Saphir sowohl bei gesundheitlichen, d.h. bei körperlichen und seelischen Problemen als auch zur Unterstützung geistiger Funktionen. So wendet Hildegard den Edelstein zur Stärkung des Verstandes und des logischen Denkens, aber auch bei Magenproblemen an. Der Stein hilft sogar bei verschiedenen Augenerkrankungen, bei Wutausbrüchen und bei »Besessenheit«, wobei wir heute von unkontrollierbarer Triebhaftigkeit, Suchtverhalten, cholerischem Temperament und Neurosen sprechen würden.

Praxis-Tipp

Verwenden Sie geschliffene oder rohe Saphire. Die Steine sollten jedoch keinesfalls in Metall gefasst sein. Laden und entladen Sie Ihren Saphir in einer Schale mit trockenem Meersalz.

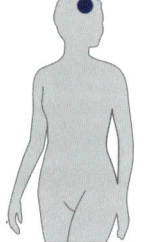

Saphire aktivieren das Stirnchakra. Die blauen Steine sind dem Sternzeichen Fische, die gelben den Zwillingen und die hellen Steine dem Stier zugeordnet.

Hier hilft der Stein

Augenerkrankungen, gerötete, übermüdete Augen, Fehlsichtigkeit, zunehmende Sehschwäche

▶ Nehmen Sie einen Saphirtrommelstein einmal am Tag auf nüchternen Magen in den Mund und speicheln Sie ihn gründlich ein. Geben Sie dann etwas Speichel auf Ihre Fingerkuppen und bestreichen Sie den Augenbereich vorsichtig mit dem Speichel.

Gicht, rheumatische Beschwerden, Schmerzzustände, vor allem Kopf- und Gelenkschmerzen

▶ Nehmen Sie regelmäßig einen Saphirtrommelstein für kurze Zeit in den Mund. Behalten Sie ihn für einige Minuten dort und wiederholen Sie dies täglich einige Male, vor allem aber bei akuten Beschwerden. Ein Saphir kann manchmal sehr gut ein Schmerzmittel ersetzen.

Zur Steigerung der geistigen Aktivität, bei Lernschwierigkeiten, Konzentrationsproblemen, Vergesslichkeit sowie bei Magenerkrankungen

▶ Nehmen Sie morgens vor dem Aufstehen einen geschliffenen Saphir unter die Zunge. Behalten Sie ihn etwa 45 Minuten im Mund, bis er sich richtig aufgewärmt hat. Erwärmen Sie dann 200 Milliliter Wein auf dem Herd und halten Sie den Stein in den Dampf des Weines, so dass er beschlägt. Lecken Sie diesen Beschlag ab und wiederholen Sie das Ganze einige Male hintereinander.

Wutanfälle, cholerisches Temperament

▶ Tragen Sie immer einen geschliffenen Saphir bei sich. Sobald Sie spüren, dass Wut in Ihnen aufsteigt, nehmen Sie den Saphir für kurze Zeit in den Mund.

»Besessenheit«, Triebhaftigkeit, neurotische Störungen, Verfolgungswahn, irrationale Ängste, Suchtverhalten

▶ Erhitzen Sie etwas Bienenwachs und drücken Sie einen kleinen Saphir in das erkaltete Wachs. Nähen Sie das Ganze in einen Lederbeutel ein, den der Betroffene um den Hals tragen sollte. Zusätzlich können Sie das von Hildegard empfohlene Gebet sprechen (siehe Seite 77).

Der Saphir kann irrationale Ängste und Suchtverhalten abmildern. Auch wer an rheumatischen Beschwerden leidet, sollte den Saphir ausprobieren.

Der Saphir in der modernen Edelsteintherapie

Heute wird der Saphir gegen Appetitlosigkeit und bei nervösen Beschwerden verordnet. Er trägt auch dazu bei, Fieber zu senken und hilft gegen rheumatische Beschwerden.

Rheumatische Erkrankungen beziehungsweise die damit verbundenen Schmerzen können für Betroffene zu einer beinahe unerträglichen Belastung werden. Da deren genaue Ursachen bis heute nicht geklärt sind, kennt die Schulmedizin auch keine wirksame Therapie. Patienten erhalten demzufolge Schmerzmittel, die langfristig andere Organe zerstören, und werden häufig darauf vertröstet, dass die Krankheit möglicherweise irgendwann zum Stillstand kommt. Der Saphir ist zwar kein Wundermittel, das bereits bestehende Gelenkveränderungen rückgängig machen und heftige Schmerzzustände von heute auf morgen lindern kann – er ist jedoch aufgrund seiner positiven Schwingungsenergie in der Lage, weiteren Schüben vorzubeugen und dem Betroffenen eine gelassenere Haltung zu vermitteln, was die Krankheit häufig am Fortschreiten hindert. Denn Verkrampfung führt meist zu einer Verschlimmerung der Beschwerden.

Der Saphir verhilft zu einer gelasseneren Lebenshaltung.

SARDER

Der Sarder galt in der Antike als Symbol für die Leidenschaft und die erotische Liebe. Hildegard empfiehlt ihn wegen seiner immunstimulierenden Wirkung.

Daten und Fakten

MINERALOGISCHE EIGENSCHAFTEN: Der trigonale Kristall gehört zur Quarzfamilie, genauer gesagt zur Gruppe der Chalzedone (mikrokristalline Aggregate). Seine Farbe entsteht durch verschiedene Limonit- und Eisenoxidkonzentrationen.

CHEMISCHE ZUSAMMENSETZUNG: SiO_2

HÄRTE: 7

FARBE: rötlich bis bräunlich

FUNDORTE: Brasilien, Australien, Südwestafrika, Indien, USA und China.

Geschichte

Der Sarder ist nach der Stadt »Sardes« in Kleinasien benannt. Im alten Griechenland und später bei den Römern wurde er als Stein des Feuers und als Symbol für die Leidenschaft und die erotische Liebe verehrt. Seit jeher wurde der Sarder meist als Heilstein und nur selten als Schmuckstein verwendet. Seinen Ruf als Heilstein verdankt er nicht zuletzt auch der Heiligen Hildegard.

Hildegard über den Sarder

Der Sarder erwächst gleich nach dem Mittag durch heftige Regenfälle, wenn die Laubbaumblätter im Herbst abfallen, und zwar, wenn die Sonne noch heiß, die Luft aber kalt ist und die Sonne die Röte [des Sarders] wärmt. Er ist rein, da er nur aus Luft und Wasser ist und seine gute Wärme sich in Harmonie befindet, und durch seine Energie kann er hereinbrechende Krankheiten abwenden. So beschreibt Hildegard den Sarder.

▶ Wenn jemand durch viele Erkrankungen und Schwächen Kopfschmerzen hat, so dass er wahnsinnig zu werden droht, so soll man den Sarder über seinen Scheitel binden, mit einem Hut, Tuch oder Lederstück, und dann sprechen: »Ebenso wie Gott den ersten Engel in den

Abgrund stürzte, soll er den Wahnsinn von dir nehmen und dir den klaren Verstand zurückgeben«, so wird er geheilt.

▶ Wenn aber jemand durch eine Erkrankung an seinem Gehör Schaden genommen hat, soll er einen Sarder in guten Wein eintauchen und ihn noch feucht in ein dünnes Tüchlein binden und ihn so in sein taubes Ohr stecken, und außen soll er feines Werg über das Tüchlein legen, so dass seine Energie [des Steins] in das Ohr strahlen kann. Das tue er oft, so wird er das Gehör wiedererlangen.

▶ ... doch wenn eine Schwangere vor lauter Schmerzen nicht entbinden kann, sollst du ihre Lenden mit dem Sarder bestreichen und dazu sprechen: »Ebenso wie du, Stein, auf Gottes Befehl im ersten Engel erstrahltest, so sollst du, Kind, als leuchtender Mensch erscheinen und in Gott verweilen«, und danach sollst du den Stein sofort an die Stelle, wo das Kind austritt ... halten und dabei sprechen: »Öffnet euch, Wege und Pforte, in Angesicht des Dienstes, durch den Christus als Gott und Mensch erschienen ist und so die Pforten der Hölle öffnete, so gehe auch du, Kind, durch diese Pforte hindurch nach außen, ohne dass du oder deine Mutter dabei sterben werden.« Binde danach diesen Stein in einen Hüftgürtel und umgürte damit [die Schwangere], so wird sie geheilt. (*Physica*, Buch 4;7)

Anwendung nach Hildegard

Hildegard verehrte den Sarder als einen Stein, der Krankheiten abzuwehren vermochte; heute würde man also von einer immunstimulierenden Wirkung sprechen. Darüber hinaus empfiehlt Hildegard den Sarder bei Kopfschmerzen, die einen »in den Wahnsinn« treiben. Sicherlich sind damit Migräneanfälle gemeint, die ja oft mit Schwindel, Augenflimmern und extremer Lichtempfindlichkeit einhergehen.

So sinnvoll die Anwendung des Sarders bei der Behandlung von Taubheit eines Ohres im Mittelalter gewesen ist, so wichtig ist es heute doch auch, die Ursachen einer plötzlich auftretenden Hörstörung abklären zu lassen, da sich dahinter ernste Erkrankungen verbergen können. Als zusätzliche Maßnahme, etwa zur Nachbehandlung von Gehörsturz, Gehörschwäche oder Tinnitus, kann der Sarder wertvolle Dienste leisten.

Wer schlecht hört, soll laut Hildegard den Sarder in Wein eintauchen, mit einem dünnen Tuch umwickeln und ihn sich ins Ohr stecken.

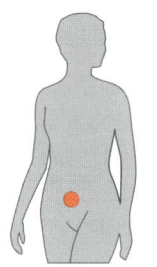

Der Edelstein hängt mit dem Wurzelchakra zusammen, sein Sternzeichen ist der Skorpion.

Ebenso kann der Sarder bei problematischen Geburten nach Hildegards Anweisung verwendet werden, wobei dies nur für Frauen gilt, die stark im christlichen Glauben verankert sind. Doch natürlich kann der Sarder weder Arzt noch Hebamme ersetzen.

Das sollten Sie beachten

In einigen Übersetzungen wird der Sarder noch als Heilstein gegen Gelbsucht und Fieber erwähnt, wobei allerdings ein wenig fraglich ist, ob diese Stellen wirklich Originalzitate sind – wir haben daher an dieser Stelle auf ihre Übersetzung verzichtet. Obwohl Sarder manchmal auch als Rohsteine auf dem Markt sind, empfiehlt es sich für die Hildegard-Anwendungen, Trommelsteine oder geschliffene Handschmeichler zu verwenden, die übrigens auch leichter erhältlich sind.

Praxis-Tipp

Für die Anwendung bei Ohrenerkrankungen eignen sich geschliffene Sarderoliven am besten, die jedoch groß genug sein müssen, damit sie nicht zu tief ins Ohr gelangen. Der Sarder sollte regelmäßig in einer mit Hämatittrommelsteinen gefüllten Wasserschale entladen und in der Sonne aufgeladen werden.

Hier hilft der Stein

Zur Steigerung der Immunabwehrkräfte in Zeiten erhöhter Belastung (Grippeepidemien, Stress, für Raucher)

▶ Tragen Sie Tag und Nacht eine Sarderkette oder einen Sarderschmuckstein auf der bloßen Haut.

Starke Kopfschmerzen und Migräneanfälle, die mit Augenflimmern, Lichtempfindlichkeit und Schwindel einhergehen

▶ Fixieren Sie eine kleine Sarderscheibe oder einen Trommelstein mit einer elastischen Binde oder einer eng anliegenden Wollmütze in Höhe des Scheitels und lassen Sie seine Energie von dort aus mindestens eine Stunde lang einwirken. Konzentrieren Sie sich auf die Heilkraft des

Sarders und sprechen Sie nach Wunsch zusätzlich Hildegards Beschwörungsformel (siehe Seite 80f.). Gönnen Sie sich zudem ausreichend Ruhe und Entspannung.

Probleme mit dem Gehörsinn, zur Unterstützung bei Gehörschwäche, Mittelohrentzündung und zur Nachbehandlung eines Gehörsturzes

▶ Tauchen Sie eine nicht zu kleine Sarderolive oder einen Trommelkiesel kurz in Wein ein und wickeln Sie ihn anschließend in ein dünnes Leinentüchlein. Stecken Sie das Ganze vorsichtig in das betroffene Ohr und decken Sie das Ohr mit Watte und einer Kopfbinde ab. Lassen Sie die Wärme auf das Ohr einwirken und wiederholen Sie diese Anwendung mehrmals täglich.

Der Sarder verbessert die Konzentration, wirkt egozentrischem Verhalten entgegen und fördert die Offenheit im Umgang mit Mitmenschen.

Der Sarder in der modernen Edelsteintherapie

Der Sarder zeichnet sich durch einen starken harmonisierenden Effekt aus, den er auf seinen Träger ausübt. Mit anderen Worten: Er vertreibt negative Energien und lädt den Träger positiv auf, was nicht nur Krankheiten vertreibt, sondern auch Beziehungen zu anderen Menschen, etwa zu Freunden, Verwandten oder zum Partner, festigt. Der Sarder wird heute auch zur Behandlung von Krebserkrankungen und Tumoren, aber auch gegen gutartige Geschwüre sowie bei rheumatischen Erkrankungen verwendet.

Der Sarder festigt Beziehungen zu lieben Menschen.

Darüber hinaus verhilft der Stein zu einer besseren Konzentration. Im seelischen Bereich kann der Sarder dazu beitragen, Beziehungen zu anderen Menschen, etwa zu Freunden oder zum Partner, zu festigen. Wie bei anderen Steinen gilt jedoch auch hier, dass der Sarder möglichst viel und lange direkt auf der Haut getragen werden sollte. Dies gilt insbesondere dann, wenn Beziehungen bereits gestört sind. In diesem Fall kann der Sarder die Kommunikation wieder neu beleben.

Der Smaragd galt in der Antike als die »grüne Göttin aller Edelsteine«. Hildegard empfiehlt ihn gegen Schwächezustände und chronisch in Schüben verlaufende Leiden.

SMARAGD

Daten und Fakten

Mineralogische Eigenschaften: Der hexagonal kristallisierende Stein ist eine Varietät des Berylls.

Chemische Zusammensetzung: $Al_2Be_3[Si_6O_{18}]$

Härte: 7 bis 8

Farbe: grün (durch Chrombeimengung)

Fundorte: Australien, Indien, Pakistan, USA, Kolumbien, Sibirien, Südafrika.

Geschichte

Der Smaragd galt in der Antike als Stein des Merkurs und wurde von den Herrschern aller Kulturen hoch geschätzt. Kleopatra trug Smaragde, um ewige Jugend zu erzielen. Bei den Griechen wurde der Stein sogar als die »grüne Göttin aller Edelsteine« bezeichnet und er galt als ebenso kostbar wie der Diamant.

Hildegard über den Smaragd

Der Smaragd wächst am frühen Morgen, wenn die Sonne aufgeht ... und die irdische Grünkraft und die Pflanzen voller Lebensenergie sind, da die Luft noch kalt, die Sonne aber schon warm ist. Sodann saugen die Kräuter die Grünkraft so gierig auf wie das Lamm die Milch ... Und deshalb ist der Smaragd gegen alle menschlichen Schwächungen und Krankheiten wirksam, weil die Sonne ihn nährt und seine gesamte Substanz von der Luftenergie gespeist ist.

▶ Wenn also jemand Herz- oder Magenschmerzen oder Stiche in der Seite spürt, soll er den Smaragd bei sich tragen, damit das Fleisch seines Leibes sich durch ihn erwärme, und er wird erleichtert werden. Wenn die Art der Krankheit jedoch so mächtig wird, dass ihr Ausbruch nicht zurückzuhalten ist, soll der Betreffende den Smaragd in seinen Mund nehmen und ihn mit Speichel befeuchten, so dass der Speichel vom

Stein warm wird, und er führe den Smaragd oft in seinen Körper [Mund] ein und aus, so werden die plötzlichen Ausbrüche weichen.

▶ Wenn ein Mensch durch die Fallsucht geplagt zu Boden fällt, so lege er den Smaragd in seinen Mund, so wird sein Geist wieder aufleben. Ist er wieder aufgestanden und hat den Stein aus seinem Mund genommen, soll er ihn genau ansehen und sagen: »So wie Gottes Geist den Erdkreis erfüllt, so erfülle er mein leibliches Haus mit seiner Gnade, auf dass es nie mehr erschüttert werde«, und während der folgenden neun Tage ... betrachte er ihn frühmorgens und spreche die genannten Worte, so wird er wieder geheilt.

▶ Wer aber starke Kopfschmerzen hat, halte ihn [den Smaragd] an den Mund und hauche ihn mit seinem warmen Atem an, damit der Stein feucht werde, und damit bestreiche er Schläfen und Stirn und lege ihn dann für eine kurze Stunde in den Mund, und er wird sich besser fühlen.

▶ Wenn jemand viel Schleim und Speichel in sich hat, wärme er guten Wein, spanne ein Leintuch über ein kleines Gefäß und lege den Smaragd darauf, und darüber gieße er warmen Wein, so dass der Wein durch das Tuch läuft. Das wiederhole er immer wieder, wie jemand, der eine Lauge bereitet. Dann bereite er mit dem Wein und Bohnenmehl [eine Suppe] und esse sie oft und trinke auch den Wein oft, so nehmen Schleim und Speichel ab, da das Gehirn rein wird.

▶ Wer von Würmern zernagt wird, lege ein Leintuch über das Geschwür, darauf den Smaragd und darüber weitere Tücher ..., damit der Stein erwärmt wird. Und das tue er drei Tage, so werden die Würmer sterben. (*Physica,* Buch 4;1)

Im Mittelalter galten Würmer als Symbole des Bösen; bisweilen wurden sie sogar mit dem Teufel identifiziert.

Anwendung nach Hildegard

Der Smaragd ist wohl der wichtigste und wirkungsvollste Edelstein, den Hildegard nennt. Sie empfiehlt ihn gegen Schwächezustände, bei Herz- und Magenschmerzen sowie gegen Krankheiten, die in akuten Schüben verlaufen. Hildegard empfiehlt den Smaragd außerdem gegen

Wer mit dem Smaragd seine Schläfen bestreicht und ihn anschließend für einige Zeit in den Mund nimmt, bekommt nach Hildegard quälende Kopfschmerzen in den Griff.

85

Gicht und rheumatische Anfälle. Ferner hilft der Smaragd bei epileptischen Anfällen, Verschleimung der Atemwege und eitrigen Hautentzündungen. Hildegard sagt aber auch, dass der Smaragd bei allen Schwächezuständen hilft. Damit ist der Smaragd auch ein »Lebenselixier«, das dem Körper neue Lebensenergie zuführt und das körpereigene Immunsystem stärkt.

Praxis-Tipp

Für die Hildegard-Anwendungen wird ein Smaragdkristall, eine Kette oder eine Smaragdscheibe benötigt. Der Smaragd sollte nicht eingefasst sein, da dadurch der erwünschte direkte Hautkontakt verhindert würde. Entladen Sie den Stein regelmäßig unter fließendem Wasser.

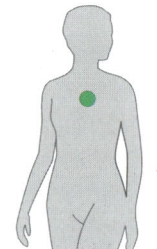

Smaragde hängen mit dem Herzchakra zusammen und sind dem Sternzeichen Krebs zugeordnet.

Hier hilft der Stein

Zur Steigerung der Immunabwehr, Kreislaufschwäche, Erschöpfung, Abmagerung, Herz- und Magenbeschwerden

▶ Tragen Sie den Smaragd auf bloßer Haut. Bei Problemen in einem bestimmten Körperbereich sollten Sie den Stein über die Schwachstelle legen. Bei Herzerkrankungen können Sie den Smaragd an einer Halskette auf Herzhöhe tragen.

Schubweise verlaufende Krankheiten, Gichtanfälle, rheumatische Attacken, Fieberschübe

▶ Immer wenn sich ein Schub ankündigt, nehmen Sie den Smaragd kurz in den Mund. Wiederholen Sie die Anwendung häufig hintereinander.

Epilepsie

▶ Beim akuten Anfall soll dem Betroffenen ein Smaragd in den Mund gesteckt werden. Da ein Epileptiker bei einem Anfall jedoch unkontrollierte Bewegungen, auch mit dem Kiefer, macht, ist diese Behandlung so zu verstehen, dass der Smaragd erst bei Ohnmacht gegeben werden soll, wobei unbedingt darauf zu achten ist, dass der Stein vom Betroffenen nicht verschluckt wird!

Starke Kopfschmerzen

▶ Hauchen Sie einen geschliffenen Smaragd an, streichen Sie damit an Schläfen und Stirn entlang und nehmen Sie den Stein dann etwa eine halbe Stunde in den Mund.

Verschleimung

▶ Erwärmen Sie etwas Wein und gießen Sie ihn dann durch ein Leintuch, auf das Sie den Smaragd gelegt haben, in ein Glas. Wiederholen Sie den Vorgang häufig, als wollten Sie die Heilkraft aus dem Stein waschen. Bereiten Sie dann eine Suppe aus Wein und Bohnenmehl, von der Sie täglich essen, und trinken Sie dazu den heilkräftigen Wein.

Eitrige Entzündungen

▶ Binden Sie ein Leintuch über die befallene Stelle, legen Sie einen Smaragd darauf und darüber weitere Leintücher. Nach drei Tagen hat der Smaragd die Krankheitserreger meist besiegt.

Der Smaragd löst nicht nur innere Verkrampfungen, sondern normalisiert auch Gleichgewichtsstörungen und Abwehrschwäche. Außerdem hilft er über Schicksalsschläge hinweg.

Der Smaragd in der modernen Edelsteintherapie

Lithotherapeuten setzen Smaragde bei Sehschwäche, Kopfschmerzen, Abwehrschwäche und Gleichgewichtsstörungen ein. Der Stein hilft dem Menschen aber auch, schwierige Situationen oder traumatische Erlebnisse besser zu überstehen. Der Smaragd fördert geistiges Wachstum und Weitsicht. Daneben schwören auch manche Patienten, die an Multipler Sklerose, Parkinsonscher Krankheit oder Epilepsie leiden, auf die Kraft des Smaragds. Die Multiple Sklerose ist eine entzündliche Erkrankung des zentralen Nervensystems, bei der an bestimmten Erkrankungsherden die Isolationshülle der Nervenfasern zerstört wird. Die Krankheit beginnt zwischen dem 20. und 40. Lebensjahr und verläuft in Schüben, wobei Frauen häufiger betroffen sind als Männer. Typische Symptome sind Muskelschwäche, Sehstörungen, Sensibilitätseinbußen, Schwindel und Blasenstörungen. Ein Smaragd versorgt den geschwächten Körper mit neuer Energie und sorgt für positive Schwingungen.

Die Wirkung des grünen Smaragds ist außerordentlich vielseitig.

Der Topas galt in der Antike als Symbol für die Macht und die Weisheit. Hildegard empfiehlt ihn als Schutz gegen Nahrungsmittelallergien, gegen Hauterkrankungen und zur Blutreinigung.

TOPAS

Daten und Fakten

MINERALOGISCHE EIGENSCHAFTEN: Der Topas ist ein Aluminiumsilikat mit Fluoranteil, der rhombisch auskristallisierende Prismen bildet.

CHEMISCHE ZUSAMMENSETZUNG: $Al[(F, OH)_2/SiO_4]$

HÄRTE: 8

FARBE: gelb bis golden, aber auch blau, rosa und weiß

FUNDORTE: Sri Lanka, Indien, Ural, Brasilien, USA (Colorado, Utah).

Geschichte

Der Topas erhielt seinen Namen sehr wahrscheinlich aus dem Arabischen. »Topazos« heißt so viel wie »gefunden«. Der Topas, dessen Name auch ins Griechische übernommen wurde, ist einer der ältesten Heil- und Schmucksteine – er war schon in der Antike sehr beliebt und galt als dem Jupiter zugehörendes Symbol für die Macht und die Weisheit. Nach der Bibel ist der Topas, der im Lauf der Geschichte oft mit Diamanten und Aquamarinen verwechselt wurde, einer der Schutzsteine des neuen Jerusalem. Um 1800 wurden 450 der besonders begehrten Goldtopase in die englische Königskrone eingearbeitet.

Hildegard über den Topas

Der Topas wächst um die neunte Tagesstunde in der Sonnenglut ... und er trägt ein wenig Luft und Wasser in sich und ist durchscheinend. Und durch seine Klarheit ist er dem Wasser gleich und seine Farbe gleicht eher dem Gold als dem Gelb. Er [der Topas] widersetzt sich der Wärme und dem Gift ... und duldet sie nicht, ebenso wenig wie das Meer Unreines ertragen kann.

▶ Wenn sich Gift im Brot, Fleisch, Fisch oder anderen Speisen, in Wasser, Wein oder anderen Getränken befindet und der Topas nahe ist, entsteht Schweiß an ihm, wie Schaum im Meer entsteht, wenn es voll Unrat ist. Wenn also der Mensch isst oder trinkt, soll er einen Topas am

Finger in die Nähe der Speisen und des Tranks halten und ihn oft ansehen. Ist Gift in den Speisen oder im Trank, schwitzt er sofort.

▶ Wenn sich einem Menschen die Augen verdunkeln, lege er einen Topas drei Tage und Nächte in Wein ein, und mit diesem feuchten Topas bestreiche er sich am Abend vor dem Zubettgehen die Augen, so dass das Flüssige die Augen auch inwendig ein wenig berühre. Nachdem der Stein entfernt wurde, kann er [der Kranke] diesen Wein fünf Tage lang benützen. Wenn er dann abends seine Augen bestreichen möchte, soll er den Stein in den genannten Wein eintauchen und damit, wie vorhin gesagt, die Augen bestreichen. Dies tue er oft. Alle fünf Tage soll er den Wein mit dem Topas erneuern, dies macht die Augen klar wie die beste Salbe.

▶ Allmorgendlich sollst du den Topas auf dein Herz legen und sprechen: »Gott, der über alles und allem herrlich ist, möge mich in seiner Ehre nicht verwerfen, sondern er erhalte, stärke und gründe mich auf seinen Segen.« Immer wenn du das tust, wird das Böse von dir weichen. Denn von Gott hat der überaus starke Topas diese Macht, weil er in der Sonnenneigung wächst, dass er Schmach vom Menschen weichen lässt. (*Physica,* Buch 4;8)

Anwendung nach Hildegard

Hildegard von Bingen misst dem Topas eine ganz besondere Bedeutung unter den Heilsteinen bei. Sie beschreibt ihn nicht nur in ihrer Schrift *Physica* sehr ausführlich, sondern erwähnt ihn auch in der vierten Vision ihres Werks *Sci Vias* (»Wisse die Wege«), wo sie davon spricht, dass das Zelt, womit die Seele des Menschen gemeint ist, auf einem Fundament aus Topas – der Gnade Gottes – gegründet ist.

Hildegard verwendet den Topas für viele unterschiedliche Bereiche. So wird er von ihr nicht nur ganz allgemein für den Schutz von Körper, Seele und Geist, sondern auch bei so unterschiedlichen Krankheiten wie Vergiftungen, Augenerkrankungen, Fieber, Aussätzigkeit und »innerer Fäulnis« empfohlen. Bei Hauterkrankungen kann man die Haut mit einem natürlichen Öl aus zwei Dritteln Olivenöl und einem Drittel Veilchensaft salben.

Nach Hildegard vertreibt die Schwingungsenergie des Topas Fieber – dazu muss man aber mit dem Stein drei kleine Gruben in ein Brot machen und guten Wein hineingießen.

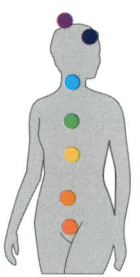

Während der Goldtopas mit dem Sakralchakra in Verbindung steht, wirken blaue Topase auf das Kehlkopfchakra, weiße auf alle Chakras. Der Goldtopas ist mit dem Sternzeichen Jungfrau, der rote mit dem Löwen und der blaue Topas mit dem Wassermann verwandt.

Das sollten Sie beachten

Über die Bedeutung der verdunkelten Augen haben wir schon bei anderen Steinen gesprochen. Der Topas hilft nicht nur dabei, verschiedene Augenprobleme in den Griff zu bekommen, sondern er wirkt sich auch in spiritueller Hinsicht ganz besonders stark aus, indem er uns im übertragenen Sinn die Augen öffnet.

Bei der Indikation »Aussätzigkeit« ist übrigens nicht die berüchtigte Lepra gemeint, da zu Hildegards Zeiten grundsätzlich nicht zwischen der damals unheilbaren Lepra und anderen Erkrankungen der Haut unterschieden wurde. Die Wirkung des Topas bei vielen Hauterkrankungen – die ja meist auch seelische Ursachen haben – ist verblüffend.

Bei der letzten Indikation spricht Hildegard von der »inneren Fäulnis«. Körperlich interpretiert, sind damit wohl vor allem innere Entzündungsherde gemeint. Doch auch hier ist wieder zu bedenken, dass Hildegard mit der »inneren Fäulnis« nicht nur körperliche, sondern auch seelische Vorgänge meint.

Praxis-Tipp

Topase sind als kleine Rohsteine oder geschliffen im Handel erhältlich. Allerdings gibt es eine ganze Reihe falscher Topase: So ist beispielsweise der »Rauchtopas« nichts anderes als ein dunkler Bergkristall. Hildegard meint, wenn sie vom Topas spricht, ausschließlich den echten gelben Topas beziehungsweise Goldtopas. Entladen Sie den Stein regelmäßig unter fließendem Wasser. Für die Heilanwendungen genügt ein kleiner, unbearbeiteter Kristall.

Hier hilft der Stein

Allgemeine Schutzwirkung

▶ Nehmen Sie gleich morgens, wenn Sie aufwachen, einen Topas zur Hand und halten Sie ihn mit den Händen auf Ihrem Herzen. Sprechen Sie das Gebet von Seite 89 und lassen Sie die Energie des Topas wirken.

Leichte und chronische Vergiftungserscheinungen, bei chemisch belasteten Nahrungsmitteln, bei Nahrungsmittelallergien

▶ Tragen Sie einen Topas auf der Haut. Wenn Sie überprüfen wollen, ob bestimmte Speisen oder Getränke Ihnen gut tun oder ob Sie allergisch auf sie reagieren, sollten Sie einen geschliffenen Topas an die Nahrungsmittel halten und dabei auf Ihre Gefühle achten. Wenn Ihre Finger, die den Topas halten, schnell zu schwitzen beginnen, sollten Sie von dieser Speise oder diesem Getränk Abstand nehmen.

Augenerkrankungen, Sehschwäche, »verdunkelte« Augen, eingeschränkte Sichtweise

▶ Legen Sie einen Topas drei Tage und Nächte lang in ein Glas mit gutem Wein. Nachdem Sie ihn entfernt haben, können Sie diesen Topaswein fünf Tage lang als Augenheilmittel verwenden. Tauchen Sie den Stein abends vor dem Schlafengehen in den Wein und bestreichen Sie damit Ihre Augenlider. Sie können die Anwendung mehrmals wiederholen, doch nach fünf Tagen müssen Sie neuen Topaswein ansetzen.

»Innere Fäulnis«, Entzündungsherde, Milzschwellungen, Übersäuerung, zur Blutreinigung

▶ Legen Sie einen Topas fünf Tage in Maulbeerwein ein, entfernen Sie ihn dann und kochen Sie den Wein kurz auf. Halten Sie den Topas dann über den dampfenden Wein, bis er beschlägt und etwas Kondenswasser in den Wein tropft. Legen Sie den Stein danach noch 45 Minuten in den warmen Wein ein und bereiten Sie aus diesem Wein, etwas Wasser und Gemüse eine fettarme Suppe, die Sie mindestens einmal täglich über längere Zeit essen sollten.

Der Topas in der modernen Edelsteintherapie

Der Topas wird oft eingesetzt, um die Lebensenergie im Körper zu steigern. Er hilft bei Kreislaufschwäche, stärkt Verdauung und Nerven und wirkt blutstillend.

Bei Hauterkrankungen legen Sie etwas Haferstroh auf einen heißen Ziegelstein und halten den Topas kurz in den aufsteigenden Dampf. Dann bestreichen Sie damit die kranke Stelle.

Der Topas steigert die allgemeine Lebensenergie.

Auf einen Blick: Edelsteine und ihre Heilwirkungen

Achat

Insekten- und Spinnengifte (Zecken!), Wespen- und Bienenstiche, Hautirritationen; Kommunikationsprobleme, Konzentrationsschwierigkeiten, Verbesserung der Feinfühligkeit, in Prüfungssituationen; Schlafwandeln, unterstützende Behandlung der Epilepsie, innere Unruhe, Erregungszustände und Schlaflosigkeit

Amethyst

Hautprobleme, Altersflecken, Pigmentstörungen (vor allem im Gesicht), Sommersprossen, Pickel, Hautunreinheiten; Schwellungen, Prellungen, Insektenstiche, als unterstützende Behandlung von Geschwulstleiden, vor allem bei neu auftretenden Geschwüren

Bergkristall

Sehstörungen (auch Kreislauf), Sehschwäche, Augenerkrankungen, übermüdete Augen; Schilddrüsenleiden, Schilddrüsenüberfunktion, Kropfbildung (Struma), Rachen- und Mandelentzündungen; Herzschmerzen, Magen- und Darmbeschwerden, Bauchschmerzen, Verdauungsstörungen

Bernstein

Magenschmerzen, Magenschleimhautentzündung, Darmkatarrhe; Blasenleiden, Blasenkatarrhe, Blasenentzündungen, Prostatabeschwerden, Probleme beim Harnlassen

Beryll

Verdorbener Magen, Übelkeit, leichte »Vergiftungserscheinungen«; Streitsucht, Wut, Aggressionen

Chalzedon

Stärkung des Immunsystems, bei Schwäche, Müdigkeit, Kraftlosigkeit und häufig wiederkehrenden Infekten, zur Blutreinigung, bei Jähzorn und cholerischen Tendenzen; Erregbarkeit, Nervosität, Lampenfieber, zur Verbesserung der Kommunikationsfähigkeit, bei Sprachstörungen

Chrysolith

Fieber, fieberhafte Erkältungskrankheiten; Herzschmerzen, Herzbeschwerden, auch bei Trauer und depressiven Verstimmungen; zur Steigerung der Konzentration, des Erkenntnisvermögens und der Kreativität, zur Förderung der Entwicklung von Körper, Seele und Geist (vor allem bei Kleinkindern!); Wetterfühligkeit

Chrysopras

Gicht, Rheuma, Arthritis, Arthrose, Gelenkbeschwerden, Schwellungen, Bewegungseinschränkungen; Zornausbrüche, Streitsucht, cholerisches Temperament; »giftige« Gedanken und Gefühle wie Hass, Neid, Eifersucht

Diamant

Fanatismus, Hartherzigkeit, manisch-depressive Phasen; Hungergefühl, zur Unterstützung von Fastenkuren und von Alkohol-, Nikotin- und Drogenentzug; Gicht, rheumatische Beschwerden, Schlaganfall, vor allem seine Nachbehandlung

Hyazinth

Sehschwierigkeiten, Augenerkrankungen, Fehlsichtigkeit, Allergien, Bindehautentzündungen; geistige Verwirrung, Halluzinationen, mangelnder Realitätsbezug,

Sinnestäuschungen und Drogenabhängigkeit; Schutz vor Manipulation; Herzbeschwerden, Trauer

Jaspis
Schwerhörigkeit, Nachbehandlung von Gehörsturz; Schnupfen, schwere Erkältung, Nebenhöhlenentzündungen; rheumatische Beschwerden, Gicht, Ischialgie, schmerzhafte Herzbeschwerden, Kopf- und Gliederschmerzen; Alpträume, Schlafstörungen; während und nach der Geburt

Karneol
Nasenbluten, Schnupfen

Onyx
Schwächezustände, Wetterfühligkeit, atmosphärisch bedingte Erschöpfung; Sehschwäche, Augenprobleme, Kurz- und Weitsichtigkeit, Bindehautentzündung, Gerstenkorn; Herzschmerzen, Angina pectoris, Seitenstechen; Magenschmerzen, Gastritis, Magengeschwüre, Sodbrennen; Erkrankungen und Schwellungen der Milz; länger anhaltendes Fieber; Traurigkeit, Melancholie, depressive Verstimmungen, geistige Erschöpfung, Schwäche

Perlen
Fieber, Kopfschmerzen, Migräne

Prasem
Hautausschläge, Sonnenbrand, allergische Hautreaktionen; Prellungen, Quetschungen, Verletzungen

Rubin
Fieber, Schüttelfrost, fieberhafte Infektionskrankheiten, rheumatische Beschwerden; Kopfschmerzen, Migräne, Wetterfühligkeit, Stimmungsschwankungen

Saphir
Augenerkrankungen, gerötete, übermüdete Augen, Fehlsichtigkeit, zunehmende Sehschwäche; Gicht, rheumatische Beschwerden, Schmerzzustände, vor allem Kopf- und Gelenkschmerzen; zur Steigerung der geistigen Aktivität, bei Lernschwierigkeiten, Konzentrationsproblemen, Vergesslichkeit sowie bei Magenerkrankungen; Wutanfälle, »Besessenheit«, Triebhaftigkeit, neurotische Störungen, Verfolgungswahn, irrationale Ängste, Suchtverhalten

Sarder
zur Steigerung der Immunabwehrkräfte; bei starken Kopfschmerzen und Migräneanfällen, die mit Augenflimmern, Lichtempfindlichkeit und Schwindel einhergehen; Probleme mit dem Gehörsinn, zur Unterstützung bei Gehörschwäche, Mittelohrentzündung und zur Nachbehandlung des Gehörsturzes

Smaragd
Schwächezustände, zur Steigerung der Immunabwehr, Kreislaufschwäche, Erschöpfung, Abmagerung, Herz- und Magenbeschwerden; schubweise verlaufende Krankheiten, Gicht, rheumatische Anfälle, Fieberschübe; Epilepsie, Kopfschmerzen, Verschleimung, eitrige Entzündungen

Topas
leichte und chronische Vergiftungserscheinungen, bei Nahrungsmitteln, die chemisch belastet sind, Nahrungsmittelallergien; Augenerkrankungen, Sehschwäche, »verdunkelte« Augen, eingeschränkte Sichtweise; Hauterkrankungen, Ausschläge, allergische Hautreaktionen; »innere Fäulnis«, Entzündungsherde, Milzschwellungen, Übersäuerung, zur Blutreinigung

Quellen und Literaturempfehlungen

Edition Methusalem: Das große Lexikon der Heilsteine, Düfte und Kräuter. Methusalem-Verlagsgesellschaft, Neu-Ulm 1994

Hildegard von Bingen: Heilkraft der Natur – Physica (Übersetzung: Marie-Louise Portmann). Pattloch-Verlag, Augsburg 1997

Gronau, E.: Hildegard von Bingen (Biografie). Christiana-Verlag, Stein am Rhein (Schweiz) 1985

Hertzka, G./Streblow W.: Die Edelsteinmedizin der Heiligen Hildegard. Verlag Hermann Bauer, Freiburg 1985

Peschek-Böhmer, F.: Heilung durch die Kraft der Steine. Ludwig, München 1996

Schiller, R.: Hildegard Medizin Praxis. Pattloch-Verlag, Augsburg 1990

Schiller, R.: Heilige Hildegard – Atlas der Edelsteine und Metalle. Weltbild-Verlag, Augsburg 1993

Schwarz A./Schweppe R.: Hildegard-Medizin. mvg-Verlag, Landsberg am Lech 1996

Schwarz A./Schweppe R.: Hildegard-Heilmittel. Südwest Verlag, München 1998

Termolen, R. (Hrsg.): Heilkraft der Edelsteine. Weltbild-Verlag, Augsburg 1990

Aktuelle Informationen, Kurse und Seminare

Hildegard-Heilkunde – Mitteilungsblatt des Förderkreises Hildegard von Bingen e.V., Nestgasse 2, 78464 Konstanz

Hildegard-Zeitschrift – Mitteilungsblatt der Internationalen Gesellschaft Hildegard von Bingen, Postfach, CH-6390 Engelberg

St.-Hildegard-Kurier – Mitteilungsblatt des Bundes der Freunde Hildegards e.V., Hildegard Zentrum, A-5084 Großgmain bei Salzburg

Hildegard-Forum – Schwester Ancilla-Maria Ruf, Rochusberg 1, 55411 Bingen, Tel. 0 67 21/92 81 59

Über die Autoren

Aljoscha A. Schwarz ist Heilpraktiker und Diplompsychologe. Seit 1987 arbeitet er als Fachbuchautor und Seminarleiter mit den Themenschwerpunkten Gesundheit, Psychologie, Philosophie und Pädagogik.

Ronald P. Schweppe ist Psychotherapeut, Meditationslehrer und freier Autor. Beide Autoren sind durch zahlreiche Veröffentlichungen, Funk und Fernsehen im deutschsprachigen Raum als Experten für alternative Heilmethoden bekannt.

Warnhinweis

Suchen Sie bei schweren Erkrankungen oder bei Beschwerden, die sich nicht innerhalb weniger Tage bessern, grundsätzlich einen Arzt oder Heilpraktiker auf.

Anmerkung der Redaktion

Diesem Buch liegt die im Juli 1996 in Wien beschlossene und ab 1.8.1998 verbindliche Neuregelung der deutschen Rechtschreibung zu Grunde.

Hinweis

Das vorliegende Buch ist sorgfältig erarbeitet worden. Dennoch erfolgen alle Angaben ohne Gewähr. Weder Autoren noch Verlag können für eventuelle Schäden, die aus den im Buch gemachten Hinweisen resultieren, eine Haftung übernehmen.

Bezugsquellen

Kristallgarten Maucher, Gleichmannstraße 9, 81 241 München
Duft und Schönheit, Sendlinger Straße 46, 80 331 München

Bildnachweis

Alle Fotos stammen von Siegfried Sperl, München mit Ausnahme von: AKG, Berlin: Titel-Einklinker; Südwest Verlag München, 1; The Image Bank, München: Titelfond (Color Day Produktion)

Impressum

© 1998 W. Ludwig Buchverlag in der Verlagshaus Goethestraße GmbH & Co. KG, München
Alle Rechte vorbehalten. Nachdruck – auch auszugsweise – nur mit Genehmigung des Verlags.

Redaktion:
Dr. Hermann Ehmann

Projektleitung:
Berit Hoffmann

Redaktionsleitung:
Dr. Reinhard Pietsch

Bildredaktion:
Beate Wagner

Illustration:
Roger Kausch

Layout/DTP:
Wolfgang Lehner

Umschlag:
Till Eiden

Produktion:
Manfred Metzger

Druck:
Weber Offset, München

Bindung:
R. Oldenbourg, München

Gedruckt auf chlor- und säurearmem Papier
Printed in Germany

ISBN 3-7787-3703-1

Register

Aggression 31
Akne 39, 79
Alleinsein 51
Allergien 31, 67
Amulette 6
Angina pectoris 62
Ängste 23
Antriebslosigkeit 61
Arteriosklerose 45
Arthritis 42
Arzneidrogen 9
Asthma 27, 51
Atemnot 67
Augen
– Bindehautentzündungen 50
– Flimmern 81f.
– Gerstenkorn 62
– Leiden 71
– Probleme 49, 60, 62, 71
– Sehschwäche 62
Ausschläge 69
Bauchschmerzen 23
Bewegungseinschränkungen 42
Blasenleiden 25, 27
Blut
– Bildung 57
– Erguss 69
– Hochdruck 43, 74
– Reinigung 34, 91
Brandblasen 23
Depression 60
Drogenentzug 47
Durchblutungsstörungen 57
Eifersucht 39, 43
Einsamkeit 37
Ekzeme 27
Energiefluss 8
Entgiftungskur 30
Epilepsie 41, 86f.
Erkältungen 54
Erregbarkeit 34
Erschöpfung (geistige) 47, 60, 62, 86
Fanatismus 45f.
Fastenkuren 47

Fieber 38, 59, 61, 63, 65, 79, 89
Furunkel 27
Gastritis 60ff.
Gehörsturz 54, 83
Geisteskrankheiten 49
Gelbsucht 45, 47, 82
Gelenkbeschwerden 31, 42, 78
Geschlechtsorgane 43
Geschwüre 18, 62, 83
Gewichtsprobleme 55
Gicht 41f., 45ff., 53ff., 78, 86
Gleichgewichtsstörungen 87
Gürtelrose 39
Habgier 43
Halluzinationen 50
Hartherzigkeit 46
Hass 43
Haut
– Ausschläge 69f.
– Entzündung (eitrige) 86
– Irritationen 14
– Pilz 63
– Probleme 15
– Unreinheiten 18
Herpes 39
Herzinfarkt 43
Herzschmerzen 23, 37f., 51, 54, 59, 62, 85f.
Hildegard
– Edelsteintherapie 4, 7ff.
– Leben 4
– Medizin 4
Hormonhaushalt 67
Hungergefühl 45
Immunsystem 34, 55, 86
Infektanfälligkeit (erhöhte) 31, 34
Infektionen 61, 73f.
Insektenstich 13f., 18
Jähzorn 45f.
Katarrhe 26
Kommunikationsfähigkeit 34
Kontaktschwierigkeiten 14
Konzentration 38
Kopfschmerzen 66f., 73f., 78, 82, 87
Kreativität 38
Kreislaufschwäche 91

Lähmungen 41
Lampenfieber 35
Lebensfreude 74
Leber-Galle-Funktion 46
Lernschwierigkeiten 78
Lichtempfindlichkeit 81f.
Magen
– Beschwerden 31, 60
– Geschwüre 61f.
– Probleme 77f.
– Schleimhautentzündung 26
– Schmerzen 25, 85ff.
Magen-Darm-Probleme 31
Mandelentzündung 23, 35
Manisch-depressive Phase 46
Masern 69
Meditation 16
Melancholie 51, 61ff.
Migräne 66f., 73f., 82
Milchdrüsenentzündung 35
Milzschmerzen 59, 63
Mittelohrentzündung 83
Mückenstiche 17
Multiple Sklerose 87
Nahrungsmittelallergie 91
Nasenbluten 56
Nebenhöhlenentzündung 54
Neid 43
Nervensystem (vegetatives) 47
Nervosität 34
Neurodermitis 69
Nierenbeschwerden 63
Ohrenprobleme 54
Parkinsonsche Krankheit 87
Pessimismus 27
Phantasie 19
Prellungen 70, 79
Prostatabeschwerden 27
Psychosomatische Störungen 18f.
Quetschungen 79
Redegewandtheit 34
Regeneration 71
Reisefieber 31
Rheumatische Beschwerden 42, 47, 54f., 67, 74, 78, 86
Röteln 69
Schilddrüsenleiden 23

Schlafstörungen 55
Schlaganfall 45, 47
Schuppenflechte 79
Schwächezustände 60, 63
Schwangerschaft 53, 55
Schwellungen 18, 21, 42
Schwerhörigkeit 54
Schwindel 82
Schwingungsenergie 8f.
Sehschwäche 21f., 91
Seitenstechen 60, 62
Sinnestäuschungen 49
Sodbrennen 60, 62
Sonnenbrand 63, 69f.
Sprachstörungen 34f.
Stoffwechselprobleme 27
Stottern 35
Streitsucht 29, 31, 43
Stress 31, 70f., 82
Suchtverhalten 78
Thymusdrüse 39
Tinnitus 81
Tränenfluss 71
Trauer 37ff., 51
Trübsinn 51
Tumore 83
Übelkeit 30
Übergewicht 43
Übersäuerung 91
Unterleibsschmerzen 57
Unwohlsein 31
Veränderungen 51
Verdauungsstörungen 23
Verfolgungswahn 78
Verführung 49
Vergiftung 29f.
Verletzungen 70
Verschleimung 86f.
Verstimmung (depressive) 38f., 63, 67
Verwirrung 50
Warzen 27
Wechseljahrebeschwerden 55
Weitsichtigkeit 71
Wetterfühligkeit 39, 60, 62, 73f.
Wut 31, 78
Zornausbrüche 43